選ばれ続ける会社とは

サステナビリティ時代の企業ブランディング

細田悦弘

産業編集センター

「STARS」戦略フレーム

～ 事業戦略×SDGs×企業ブランド ～

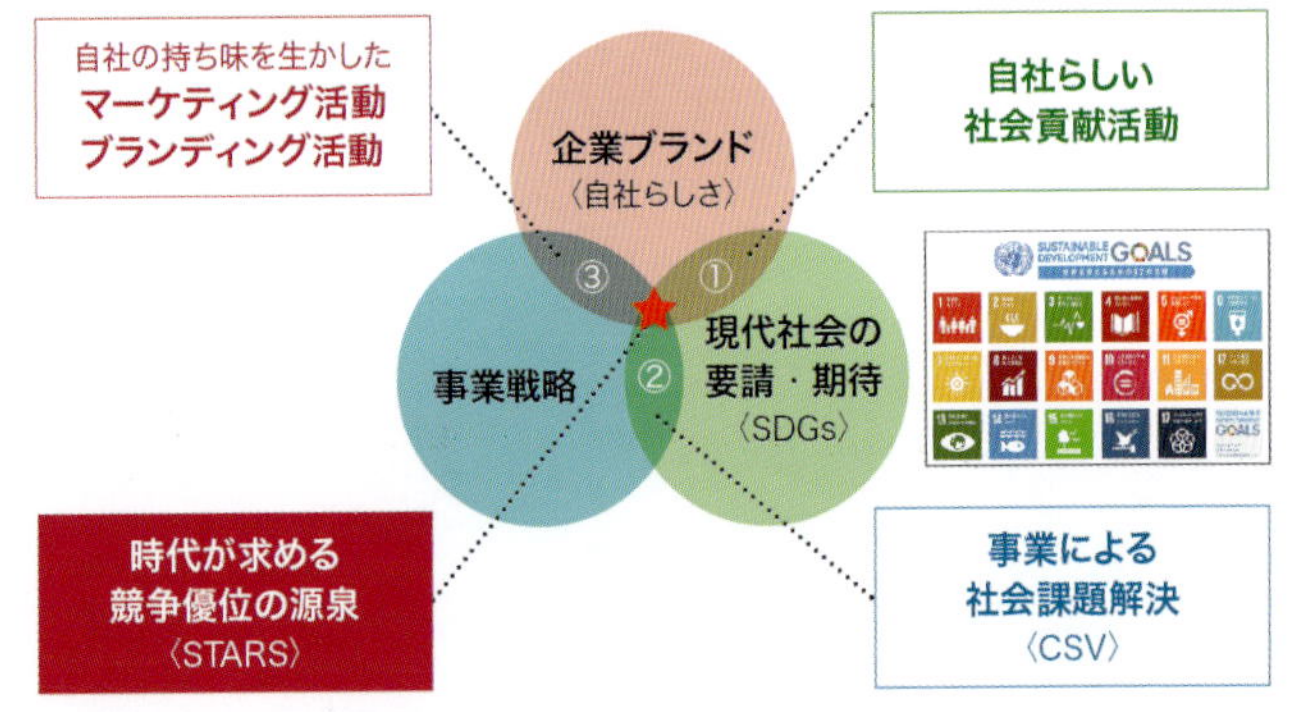

STARS：Sustainable Triple Advantage through Response to SDGs

選ばれ続ける会社とは

サステナビリティ時代の企業ブランディング

「時代に選ばれ、次代にも輝き続ける企業」であるために

あなたは、どちらの企業を選びますか？

❶成長する企業
❷社会に必要とされる企業

社会に必要とされなければ、企業の成長は見込めません。社会の幸せから離れた企業に、社会からの信頼・支持は得られません。ズバリ、❷の企業であることが、❶の企業につながります。ただし、その〝社会〟は時代とともに変容します。変わりゆく社会に適合してこそ、企業は存在意義が認められ、持続的成長が果たせるのです。

世の中の変化に無頓着であれば、ブランドは錆びます、ブランドは老けます。現代の中軸となる価値観が、「サステナビリティ（Sustainability：持続可能性）」です。今どき、環境や社会に与える影響を無視して利益だけを追求すべきだという考えの企業は、存

続が危ぶまれるようになりました。

したがって、現代のビジネスリーダーは、四半期や1年といった短期の実績を追求しながらも、これから何年も、何十年も、何世代も、生き延びて繁栄する組織を創出しなければならないと考えるようになりました。そのため、今の時代に選ばれ、かつ次の時代にも輝き続ける企業であるためのセオリーや戦略が模索されています。その糸口として、「ＣＳＲブランディング」という戦略メソッドを中心テーマとする本書を上梓することにしました。

選ばれる企業になるためには、ブランディングが欠かせません。ブランドは、規模の大小・業種業態に関わらず、企業の生き残り戦略の最後の切り札として語られるようになっています。そして、将来にわたって輝き続けたければ、いつの時代の社会にも〝対応〟していくことが重要です。この「社会への対応力」こそが、「ＣＳＲ（Corporate Social Responsibility）」の本質にあります。

ＣＳＲは進化（深化）しています。通常「企業の社会的責任」と訳されますので、これまでの通念では、義務とか事業の負荷であったり、〝本業外で〟世の中に良いことをすること（いわゆる社会貢献）といった、ビジネスとは別で行うべきこととなっているようです。ところが、「先進のCSR」は、義務や負荷ではなく、経営戦略・事業戦略のアドバンテージとなるのです。見識あるビジネスパーソンでも、数年前の認識ですと、新・旧バージョンのギャップに驚く方が多いのではないでしょうか？

「CSR」は、事業の重しやコストといったトレード・オフ（相反）で知覚されがちですが、「先進のCSR」で一段高い次元で深く捉えれば、ビジネスとCSRの〝トレード・オン〟が成立します。時代の要請に乗り遅れることによる「リスクの回避」と、時代を先取りして「ビジネス機会の創出」を図りたいという両側面を合わせ持ちます。後者は「価値共創型CSR」や「CSV（Creating Shared Value：共通価値の創造）」として普及しています。

こうした「ビジネスの機会創出」と「経営リスクの回避」の両側面に立脚し、企業の持続的な成長戦略を描く上での羅針盤となるのが「SDGs（Sustainable Development Goals：持続可能な開発目標）」です。SDGsは、社会や環境と調和し促進するような経済のあり方を追求する目標の枠組みであり、サステナビリティの共通言語となっています。地球が壊れれば、社会が壊れる。社会が壊れれば、経済が壊れる。ゆえに企業経営の視座からは、地球や社会を大切にすれば、企業もまたサステナブルな成長ができるという文脈が、時代を牽引する企業のコモンセンス（良識）となっています。

このように現代の優れた企業は、「CSR／CSV／SDGs」を経営に組込むことにより、ステークホルダーから信用・信頼を獲得し、社会的評価を高め、持続的成長・中長期の企業価値向上を目指します。それを投資家側は、非財務情報として「ESG（Environment／Social／Governance）」の観点から分析・評価します。「CSR／CSV／SDGs」によって獲得する非財務要素が、企業価値評価の新しいモノサシになっています。

サステナビリティを希求する現代において、企業ブランディングを実現するには「CSR／CSV／ESG／SDGs」が必須です。本書では、これらを個別にアラカルトとして扱うのではなく、体系的に順を追って解説します。その上で、この4つのアルファベットで「企業ブランド」に磨きをかけることにより、無形資産（見えざる資産）を一層充実させ、企業価値向上につなげるというストーリーをわかりやすく解き明かします。

サステナビリティ時代の企業ブランディングに際しては、「CSR／CSV／

ＥＳＧ／ＳＤＧｓ」を味方につけることが黄金律です。その理論体系が、本書の中核となる「ＣＳＲブランディング」です。これこそが、ビジネスと社会課題解決を両立させ、〝らしさ〟で競争優位を創り出す戦略メソッドです。

本書は、経営企画・広報・ＩＲ・ＣＳＲ・ブランド・マーケティング部門などの専門部署はもちろん、経営者・次世代経営層、そして明日を担うビジネスパーソンの方々に広く活用いただくことを願っています。さらには、大企業・上場企業だけでなく、「ＣＳＲ／ＣＳＶ／ＥＳＧ／ＳＤＧｓ」が重要とわかっていながらも、とっつきにくいと感じていた中小企業の経営層にもおすすめします。明日のビジネスを切り拓き、持続的成長を果たすための福音となれば幸甚です。また個人としてお読みいただいても、時代の価値観を捉え、これからの人生をクオリティ高く生き抜く上での「パーソナル・ブランディング」にも役立つことを実感していただければ幸いです。

細田悦弘

選ばれ続ける会社とは　サステナビリティ時代の企業ブランディング―目次

はじめに――002

第1章 サステナビリティ時代の競争戦略――013

1-1 モヤモヤしていませんか？「サステナビリティ」と「CSR」――014

1-2 企業理念×CSR×サステナビリティ――023

1-3 創業の精神に、「CSR」を接ぎ木する――027

第2章 「SDGs」の取扱説明書（トリセツ）――033
2-1 「SDGs（持続可能な開発目標）」とは――034
2-2 SDGsの基本構造 17のゴールと169のターゲット――036
2-3 企業活動における「SDGs」の捉え方――038
2-4 投資家の「SDGs」への関心――040
2-5 〝SDGsウォッシュ〟と後ろ指をさされないために――043

第3章 ビジネスと社会課題解決の両立――045
3-1 要請に対応する「基本的CSR」、期待に応える「CSV」――046
3-2 経済的価値と社会的価値は、〝トレード・オン〟！――049

3-3 ポーターとコトラーの〝知の交差点〟――053
3-4 「社会課題」は、明日のビジネス・オポチュニティ――058
3-5 経営戦略に組込まれた「CSR／CSV」――064
3-6 「先進のCSR」が企業競争力につながる10の要素――069

第4章

サステナビリティ時代の戦略メソッド！「CSRブランディング」

――071
4-1 「先進のCSR」と「企業ブランディング」の融合――072
4-2 「CSRブランディング」の戦略フレーム　★（レッド・スター）を目指そう！――074
4-3 〝らしさ〟を統合した、先進の社会貢献活動
4-4 あるパン屋さんに学ぶ、〝素敵なCSR〟
4-5 「CSRブランディング」の全体構造
4-6 「STARS」戦略フレーム　CSRブランディング2.0

第5章 企業ブランディング入門——093

5-1 もっと早く知りたかった！「ブランドの世界」——094
5-2 知っておきたい！「ブランド」の昔と今——101
5-3 「実体」あってこそのブランディング——106
5-4 ある牧場主に学ぶ「ブランディング超入門」——111
5-5 シンボルマークはブランドの命 菊池寛の短編小説「形」に学ぶ——120
5-6 箱根駅伝に学ぶ！ 企業ブランディングの真髄——124
5-7 サステナビリティ時代の「大学ブランディング」——127
5-8 サステナビリティ時代の「企業ブランド」の築き方——129

第6章 社員の心に灯をともす！ インターナルブランディング——141

6-1 インターナルブランディング（Internal Branding）とは——142

6-2 戦略的社内浸透術！ インターナルブランディング——148

6-3 「コンプライアンス」に魂を入れる！ インターナルブランディング——154

6-4 社会と会社を幸せにする、サーバント・リーダーシップ——159

6-5 従来型のリーダーとサーバント・リーダー——164

第7章 ビジネスパーソンのための「ESG」 企業評価の新しいモノサシ——169

7-1 目からウロコの「ESG」超入門——170

7-2 経営戦略としてのCSR／CSV／ESG——176

7-3 あるケーキ屋さんに学ぶ「6つの資本」による経営――183

第8章 「見えざる資産」が企業価値を高める――191

8-1 サステナビリティ時代の企業価値向上への道――192
8-2 「CSR／CSV／ESG／SDGs」を味方につける、企業価値創造ストーリー――198
8-3 時代に選ばれ、次代にも輝き続ける企業であるために――202
あとがき――204

第 1 章

サステナビリティ時代の競争戦略

企業が持続的成長を果たし社会的評価を高めたければ、変わりゆく社会に“対応”することが不可欠です。この「社会対応力」こそが、「CSR」の本質です。まずは、サステナビリティ時代の企業経営の基軸ともいえる「CSR」の根幹から順に解き明かしていきましょう。

1-1 モヤモヤしていませんか？「サステナビリティ」と「ＣＳＲ」

「サステナビリティ」と「ＣＳＲ」という言葉が普及・定着してきました。しかし、まだまだ大企業と中小企業、ＣＳＲや経営企画部門と一般ビジネスパーソンとの温度差は大きいのが実情です。この２つのキーワードに、これまであまり馴染みのなかった人はもちろん、大企業の専門部署でも、次のような素朴な疑問を抱えている人も多いようです。

◎「サステナビリティ」と「ＣＳＲ」は、どこが違うんだろう？

いかがでしょうか、このモヤモヤ感。本章では、「ＣＳＲ」の本質を押さえた上で、「サステナビリティ」との違いと位置づけを解説します。

それでは、まず次の問診票をご覧ください。入門者の方はもちろん、これまで「ＣＳＲ」なるものに携わってきた方も、率直にチェックしてみてください。

「CSR」に関する問診票

□CSRは、〝社会貢献活動や寄付・寄贈〟のことである
□CSRは専門性が高く難解で、カタカナ・アルファベットが飛び交うので、苦手意識が強い
□長らくCSRをやっているが、何かモヤモヤしている。自分が腹落ちしていないので、社内でうまく説明できない
□CSRは社内で定着した感はあるが、「コンプライアンス」や「社会貢献」にとどまっている
□CSRが大事なのはわかっているが、経費はかかるし仕事の負荷や足かせになる
□CSRが競争力になるとか、ブランドや企業価値に効くというが、つながりがわからない
□ビジネスパーソンとして、「CSR」を勉強しておきたいが、専門部署向けの本やセミナーばかりで困っている
□中期経営計画など経営戦略にCSRを組み入れたいが、切り口がつかめない

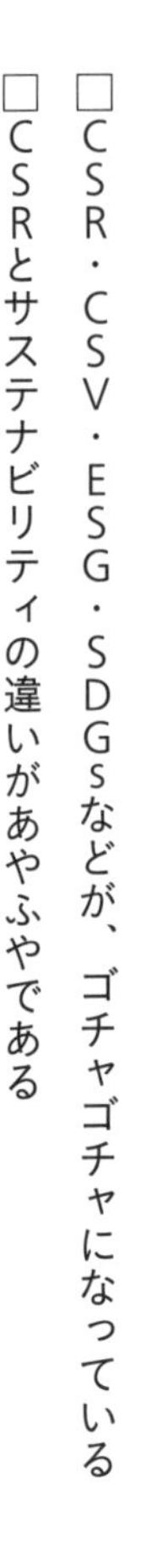

いかがでしたでしょうか?

CSRとは、**Corporate Social Responsibility**の略で、通常「企業の社会的責任」と訳されます。とかく日本人は、この表意文字である漢字の「責任」が目に入りますと、義務とか受身と直感し、いきおい事業の負荷や重しと捉えてしまいがちです。ところが先進のCSRであれば、経営戦略・事業戦略のアドバンテージとなるのです。

CSRの草創期のように、他社との横並びや形式的な措置だけでは、経営や事業とは「別物」となってしまいます。「先進のCSR」の世界は、他社マネではなく自分の頭でよく考えて、〝応用問題〟を解くようなスタンスが求められます。十人十色、十社十色です。自社をよく知り、**現代社会の要請や期待**といかに整合させ、競争力につなげていくかというセンスが問われています。自主的・主体的に取り組めば、コーポレートブランド・企業価値向上への道が切り拓けます。

CSRは、ともするとテクニカルな用語や個別概念に翻弄され、〝断片化〟される傾向が見てとれます。「木を見て森を見ず／枝を見て木を見ず／葉っぱを見て枝を見ず」に陥りがちです。本質を捉え体系を俯瞰してシンプルに考え、骨太の因果関係をつかんでください。すると、経営層をはじめ、社員一人ひとりに気づきが芽生え、自主性・主体性につながっていきます。CSRは、体系的・本質的に捉えることが大事です。CSRは、ほぐして扱うことがコツです。〈図1〉

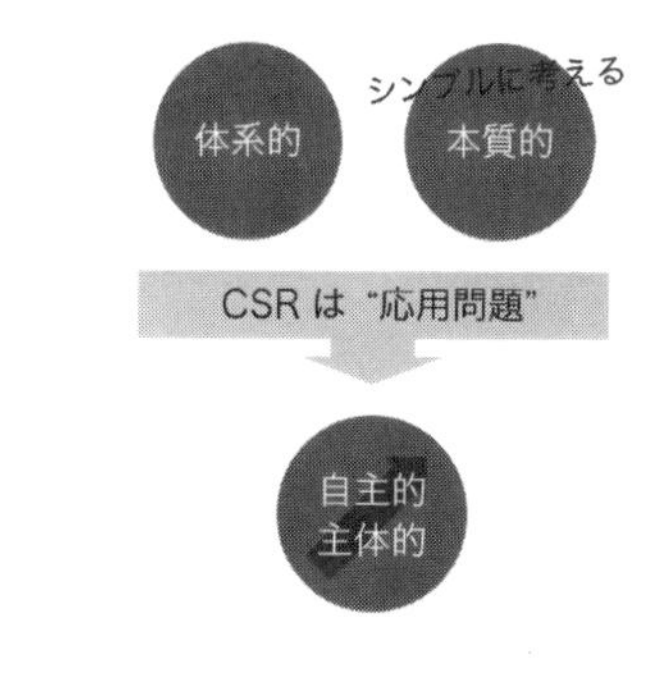

図1 CSRは「体系」と「本質」を理解する

「CSR」の本質を見極め、持続的成長を目指す

今この時代の企業経営の根源的な使命は、何だと思いますか？

それは、まずは「企業を継続させること」、そして「持続的な成長を果たし、社会からの評価を高めること」という認識が共通のものとなってきています。そのため、その〝最大の敵〟ともいえるのが「環境の変化」です。これを克服してこそ、「あるべき姿」に向かえます。

では、その「あるべき姿」とは何でしょうか？

創業時より今日まで、長きに渡って営々と発展してきている企業は、おしなべて、この「あるべき姿」を企業理念として、「社会を豊かにする」「社会を幸せにする」「社会に貢献する」などと掲げています。ところが、時代とともに〝社会〟の関心や価値観が変化するにつれ、企業に期待される役割や責任も、それを映し出して変化します。過去に通用してきた成功体験や理屈だけに拘泥すると、今までやってきたことが無価値になったり、場合によっては、害を与えてしまうことも起こり得ます。

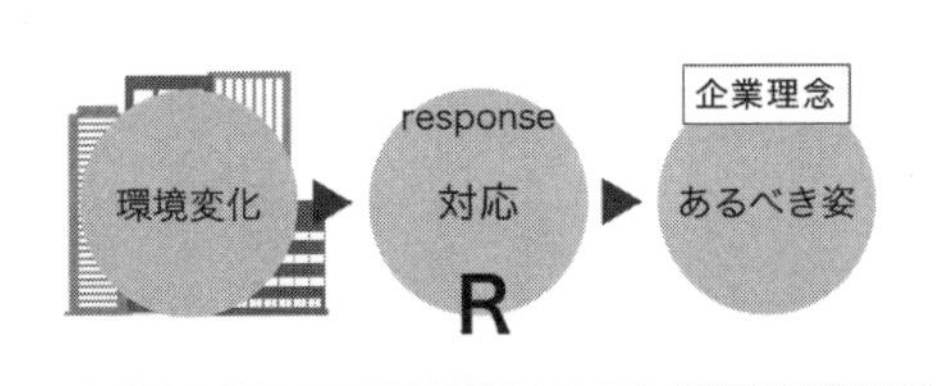

図2 持続的成長企業であるために

そのため、目まぐるしく変化する社会のニーズや価値観を捉える感性の鋭さを備え、かつ時代にふさわしい「対応」をすることが不可欠です。「対応」とは、英語で、response。つまり、CSR（Corporate Social Responsibility）の「R」の根幹がここにあります。Responsibilityはresponse（反応する、対応する）と、ability（力、能力）からなります。つまり、「対応する能力」ということです。いつの時代にも、磐石な経営基盤を確保しつつ、あらゆる変化に柔軟に〝対応〟していくことこそが、CSRの基本です。CSRの本質は、「社会への対応力」と把握しておきましょう。〈図2〉

企業には、まずもってゴーイング・コンサーン（going concern）、すなわち「事業を継続させ、持続的に成長させていく」という社会的使命・責任があります。そのためには、「現代社会への対応力」を中核におき、時代にふさわしい形で存在意義を発揮することが至上命題となります。CSRの本質には、**変わり行く社会にしなやかに応える**ということがあります。〈図3〉

“CSR”

Corporate Social Responsibility

（企業の社会的責任）

図3 **CSRは「社会対応力」**

CSRで、メシが食えるか

世間では、経営層からも「CSRでメシが食えるか？」という発言があるらしいのですが、「今や、CSRをないがしろにしていると、メシが食えなくなる」とは明言できそうです。目先の利益は大事、ただ目先の利益を着実に続けていくためにも、「CSR」が絶対不可欠ということです。

CSRは、社会や生活者の〝変化〟を認識することが基点であり、社会とともに「新しい価値」を提案し、「新しい市場」を創造し、「現代社会の要請や期待」にきちんと応え、信頼や支持を獲得することにつながります。

したがって、今日の企業にとって、〝現代社会の要請や期待〟への「対応力」を研ぎ澄ませた経営、すなわち「CSR経営」が不可欠であり、これこそが企業競争力の原動力となります。CSRは、企業の経営戦略の中核に位置付けられるようになり、企業の持続的な成長を促し、社会的評価を高めることにつながります。そして、社会的評価が高まれば、持続的成長がもたらされます。

「CSR」の先に、「サステナビリティ」はある

今日に至るまで、私たち人類が経済活動の規模と範囲を大きく拡大させ続けた結果、「成長の限界」にぶち当たり、環境面及び社会面のさまざまな課題に直面しています。とりわけ、二十世紀後半は「膨張の時代」といわれ、経済規模が凄まじいペースで拡大し、過剰消費、過剰排出の時代を招きました。その後、これらの課題を解決するキーワードとして、「サステナビリティ（Sustainability：持続可能性）」に世界の注目が集まり、「持続可能な社会」へのシフトを求める動きが起こりました。

小さい頃、よくスポーツや楽器の練習が長続きしないと、先生から「君の練習は、**持続性**がないね」と言われたりしましたが、その「持続」に「可能性」がつくと、途端になじみが薄くなり、意味も曖昧に感じられる方も多いようです。

Sustainabilityの日本語訳である「持続可能性」とは、「現状をそのまま放置しておくと望ましい状態が失われてしまうので、望ましい状態を続けていくための可能性や方法を探り、それを実行していく」という概念を押さえておくといいでしょう。若者

言葉で噛み砕いて言えば、「これから先も、世の中がずっと〝いい感じ〟でやっていくことが**できる**ように、ひと工夫する」といったニュアンスでしょうか。

企業は、CSR（社会対応力）を経営に組み込み、現代社会の共通の価値観である「サステナビリティ」を希求します。地球環境が保全され、健全な社会があればこそ、企業もまた持続的に成長できます。企業と社会の利益を、その時代の社会ニーズを踏まえて高い次元で調和させることで、企業と社会の持続的な相乗発展が実現できます。

「サステナビリティ」と「CSR」の違い？

その答えは、ズバリ！　CSRの先に「サステナビリティ」はあります。サステナビリティが**目的**とすれば、CSRはそれを実現するための**目標**となります。「目標」は「目的」に至るための過程であり、手段です。常に目的を見据えることを忘れずに、枝葉末節に拘泥することなく取り組むことが大切です。持続可能な社会の実現に向けて、CSRは〝アウトプット〟、サステナビリティは〝アウトカム〟となります。

1-2 企業理念×CSR×サステナビリティ

熱心なCSR部門の方から、「やっぱり、CSRは企業理念と関係が深いですね」「CSRをどう企業理念に紐づけるか」などという、悩みながらも悟りのような言葉を耳にします。さらには、「サステナビリティは、どう位置づけるの?」といった具合です。これからの永続企業の3大キーワード（企業理念・CSR・サステナビリティ）を有機的に解きほぐします。

「企業理念」は、社会との約束事

中堅・中小企業も含め、今日まで長きにわたって着実に発展している会社は、創業者や中興の祖が、魂を込めて「あるべき姿」を思い描き、まさに命がけで立ち上げています。その千金の価値のある創業者の口ぐせや珠玉のエピソードこそが、「創業の精神（スピリット）」であり、「企業理念」へと昇華していきます。それは、企業の「社会との約束事」であり、社会における存在意義そのものです。

「理念」とは、信念にまで高まった哲学や「強い思い」のことで、会社を経営する上での経営者の強い思いが「企業理念」です。経営するにあたり、何が正しいかという人生観、社会観、世界観に深く根差したものであり、価値観、判断基準、道徳観、倫理観も反映されます。会社法上の定款と同じくらいの重さで「信念上の定款」と位置づける経営者もいるほどです。理念は、言わば企業が「重視すること」です。

企業も錆びる、企業も老ける～「理念」を、時空を超えて実現する

優良企業の理念には、おしなべて「社会を幸せにしたい」「社会を豊かにしたい」という趣旨が込められています。ところが、時代とともにその「社会」が激変します。昔ながらの発想でやっていると、良かれと思ってやったことが、無価値になってみたり、挙句の果てには、あだになることも起きてしまいます。その逆に、今まで気にも留めてこなかったことが、社会からプレミアムな価値として受け入れられることもあります。

ノースウェスタン大学ケロッグスクールのフィリップ・コトラー教授は、「変化に直面した時にとりうる最善の策は、変化を糧にする組織を作ることである」と言っています。**時代の変化にしなやかに対応できる会社組織**をいかに創り上げるかということです。すなわち、「時代を味方につける」ビジネスセンスが鍵となります。ここに、時空を超えて、「企業理念」を実現する戦略として、「CSR（社会対応力）」を経営に組み込む意義があります。いつの時代にも「企業理念」を実現するために、あらゆる変化に柔軟に「対応」していくことが、CSRの根幹です。

一般に、毎年数多く設立される企業のうち、8割は設立5年後に、9割は設立10年後になくなっているといわれます。**企業も錆びます。企業も老けます。**そのため、いつの時代においても、社会を幸せにできるように、企業を磨き上げるのが「社会対応力」です。それが、「CSR」の真髄です。

「サステナビリティ」で、企業と社会の相乗発展へ

ビジネスの究極の目的（企業の存在意義）が「理念」の実現とすれば、総じて優良企

業はそこに、「社会のため」を掲げています。したがって、今日の企業は、現代社会の共通の価値観である「サステナビリティ（持続可能性）」を希求することが強く求められています。地球環境が保全され、健全な社会があればこそ、企業もまた持続的成長・中長期の企業価値向上が実現できます。

企業と社会の利益をその時代の社会ニーズを踏まえて高い次元で調和させることで、企業と社会の持続的な相乗発展が実現できます。これからの永続企業の必須要素は、「企業理念×CSR×サステナビリティ」といえましょう。

1-3 創業の精神に、「CSR」を接ぎ木する

なぜ、老舗企業になれたのか

多くの企業で年度始めや入社式において、創業時のエピソードや精神が熱く語られます。今日まで営々と長きにわたって企業活動を続けられたということは、それだけの年数、いつの時代にも市場が求めるものを提供し続けてきた証です。それは、創業者とその志を脈々と受け継いできた歴代の経営者、その志に共感し経営者を支えてきた従業員の奮闘努力、そして、まわり(ステークホルダー)の協力が結実したものといえましょう。

設備などの有形資産ばかりでなく、伝統の企業文化、代々伝承されてきた技術や知見、みんなで培ってきた信用や信頼などの「無形資産(見えざる資産)」によって、長年

の歴史が刻まれてきたわけです。

創業者の口癖が、ミッションステートメントの源流

過去のことなら、前例を見ればいい。今だけであれば、他社を見ればいい。「未来の課題」に立ち向かうには、自ら考えなければなりません。激動の時代、これから進むべき方向性を照らしてくれるのが、自社の創業期です。創業者は自分の頭できちんと考え抜き、試行錯誤を繰り返し、情熱をもってチャレンジしてきました。創業者がどんなことを考えていたのか、常日頃何を言っていたのかを今一度確認してみましょう。多くの老舗企業は、「創業者の口癖」が企業理念やミッションステートメントの源流となっています。

企業理念の出発点は、創業者の思想・哲学・信念です。創業の精神や企業理念に立ち返り、**これを未来に向かってどう実現するかが、現代社会における企業の存在意義**です。企業の本質までいったん戻って、自社の「天命」を悟り、今の時代にどう適用するかが、現代経営の勘所です。

企業理念は、経営や事業における判断の拠り所となります。環境の変化を察知して、それがもたらす脅威（リスク）と機会（オポチュニティ）を識別し、どのように対処すべきかの原理原則となります。環境の変化によるシグナルを読み取ることができなければ、どれだけの設備があっても、優秀な人材がいても、今日生き残っていけないでしょう。

先進のＣＳＲの本質は、「現代社会への対応力」です。現代社会の**要請と期待**に応えることです。「要請」に対応し、**リスクを回避**します。「期待」を的確に捉え、ビジネスの**機会を創出**します。

創業の精神に、「CSR」を接ぎ木する

変化の激しい今日こそ、これから進むべき方向性を照らしてくれるのが、自社の創業期です。創業者の志やスピリットに立ち返り、自社の存在意義や事業の軸足を再確認することが大切です。創業の精神や企業理念を今に実現するためには、「ＣＳＲ（社会対応力）」を接ぎ木することをおすすめします。

「接ぎ木」は、主に果樹や花木で使われる繁殖方法で、「台木（だいぎ）」に品種の違う穂木（ほぎ）を

接ぐことが基本的な方法です。下の根部となる土台の部分が台木、上に挟まっている果実のなる枝の部分が「穂木」です。

せっかく花が美しくても、成長が遅かったり病害虫に弱い品種があったとします。そこで、生育が旺盛で病害虫がかからない品種を**台木**として選び、そこに花が美しい品種のものを**穂木**として選んで**接ぎ木**すると、「生育が旺盛で耐病害虫の台木の性質を受け継いだ、たくましく美しい品種の花が咲く」ということです。

見た目は、花の色、大きさカタチ、枝振りなどは当然さした穂木のものと同じものになりますが、「目に見えない性質」はしっかりとした台木のものを受け継ぐのです。土台がしっかりとしていれば、上部の花の生育も力強くなるということです。

財務データ上において、なんとか元気に見せようと注力している企業が散見される中、本当に元気な企業は「理念の実現」を主眼としています。自社の生み出

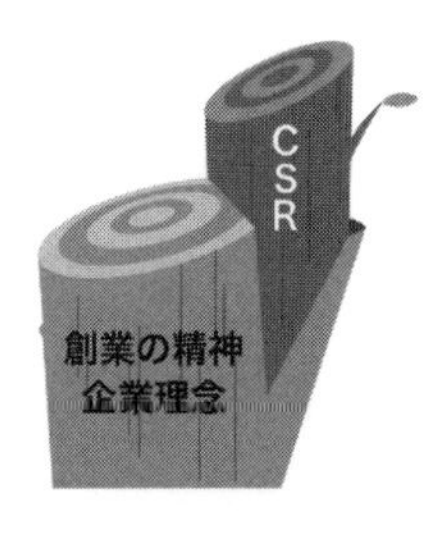

図4 **CSRを“接ぎ木”する**

す価値ある商品やサービスを通じて世の中、社会へ貢献することを「目的」とし、それを継続するために、「手段」としての利益をきちんと確保します。

創業の精神や企業理念という「台木」のもとに、CSRを「接ぎ木」して、**時代にふさわしい果実**(ビジネス)をたわわに実らせる。ここに、現代経営とCSRの融合があり、これからの永続企業の鉄則といえましょう。〈図4〉

次代にも輝き続ける企業であるために

創業のスピットこそがブランド・アイデンティティ(自社らしさ)の源流であり、競争優位の源泉です。そこに、使命と存在意義があります。創業時から醸成されてきた「企業文化」、すなわち価値観や規範および思考や行動の様式を社内で共有することが競争力を左右します。「らしさ」は、企業ブランディングのコア(心臓部)となりますので、後述します。

第 2 章

「SDGs」の取扱説明書（トリセツ）

前章では、サステナビリティが強く求められている現代企業において、「社会の要請や期待」への“対応力”を備えることが企業競争力の原動力になると述べてきました。本章では、現代における「社会の要請や期待」を網羅的に示す鑑（かがみ）となる「SDGs」について、捉え方・取り組み方を解説します。

2-1 「SDGs（持続可能な開発目標）」とは

現代企業は、社会性と経済性の両立が求められます。「企業の健全性」と「地球や社会の健全性」との相互依存性を認識することが、サステナビリティ時代の企業経営の要諦です。こうした観点から、世界の共通言語となっているのが「SDGs」です。2015年9月25日、「持続可能な開発サミット」で、国連加盟国は「持続可能な開発のための2030アジェンダ」を採択しました。その中に含まれていたのが、2016年から2030年までの持続可能な開発目標（Sustainable Development Goals）です。略称はSDGsで、「エス・ディー・ジーズ」と読みます。

SDGsは、2000年から2015年までの「ミレニアム開発目標（Millennium Development Goals：MDGs）で未達成の課題に加え、グローバルの共通課題である17の目標と169項目の達成基準が盛り込まれています。2016年3月には達成基準ごとに評価指標の仮案も公開されています。17の目標は貧困削減、飢餓撲滅、格差是正、気候変動対策など幅広い課題設定がされており、途上国の貧困や開発課題が中心だったＭＤＧｓに比べ、ＳＤＧｓは先進国にも共通の課題を包含しているのが特徴といえます。〈図5〉

図5 SDGs（持続可能な開発目標）

2-2 SDGsの基本構造——17のゴールと169のターゲット

SDGs（Sustainable Development Goals：持続可能な開発目標）とは、2015年9月に国連で採択された、2030年までに達成すべき貧困・飢餓・教育・気候変動・生物多様性など、グローバル課題への取り組み目標です。

これまでの経済発展が莫大な富を創出してきた一方で、豊かな環境や人権・平等といった社会的公正などへの影響を顧みないやり方を「持続不可能」とし、社会や環境と調和し促進するような経済のあり方を追求する目標の枠組みです。

この枠組みは、17のゴールと169のターゲットが組まれ、その進捗を244の指標で測るという基本構造になっています。17ゴールでは、持続可能な開発に関わる主要な課題領域ごとに、世界が2030年までに到達すべき姿を描いています。ターゲットは、これらのゴールの実現に向けて達成すべき具体的な目標を定めています。

17のゴールを表すカラフルに彩られたアイコンは、一見すると、バラバラに独立した課題群のようですが、実は相互に深く関連し合っています。環境問題は貧困の原因になると同時に、その解決は貧困問題の解決に資するということです。地球環境の劣化は、気候変動による自然災害を引き起こし、貧困層の生活基盤を脅かすということなどです。そして、17の目標を通じて基調になる重要な理念は「人権の尊重」とされています。すなわち、「人間が尊厳をもって人間らしく生きること」といえます。

SDGsに取り組む際は、その思想や根底をなす理念をよく理解しておくことが重要です。

2-3 企業活動における「SDGs」の捉え方
――「リスク回避」と「機会創出」

SDGsの文脈においても、まずは自社が社会や環境に与える「インパクト（影響）」に着眼しましょう。その際には、ポジティブ・インパクト（正の影響）だけではなく、ネガティブ・インパクト（負の影響）も同時に洗い出すことが必要です。

企業の活動にどうSDGsを取り入れるかについては、「機会」と「リスク」の2つの側面から捉えることができます。まず、機会（オポチュニティ）の側面では、例えば省エネ技術、水処理技術、地球規模の課題解決に関連する製品・サービスを有する企業にとっては、新しい市場開拓のオポチュニティとなります。また、世界の共通言語としてのSDGsを組み込んだビジネスによって、国内外ステークホルダーとの関係強化などのメリットも考えられます。

次に、リスクの側面では、企業活動で守られるべき人権、環境、労働、腐敗防止などの社会問題がSDGsの目標と深く関連しているため、これらの対応が不十分な企業にとっては、事業継続リスクにもなり得ます。機会とリスクのバランスをとり企業活動とSDGsの融合を図ることで、事業を通じた社会課題解決である「機会創出」のCSV（Creating Shared Value：共通価値の創造※第3章で解説）と、「リスク回避」としての基本的CSRの実現が可能になります。

2-4 投資家の「ＳＤＧｓ」への関心

近年、企業が戦略的に環境や社会への配慮を事業活動に組み込む傾向が高まるにつれ、投資家は、投資リターンの向上のためにも、環境（Environment）、社会（Social）、ガバナンス（Governance）に対する関心が高まっています。投資判断に際してはこの「ＥＳＧ」要素を考慮することが合理的であり、社会の要請や運用委託者の利益にもかなうという、新たなスタンスが主流となりつつあります。ＥＳＧについては、第7章で詳述します。

我が国は、「日本再興戦略」のもとで、２０１４年に機関投資家向け日本版スチュワードシップ・コード、２０１５年に上場企業向けコーポレートガバナンス・コードが制定されました。いずれのコードにおいても、企業と機関投資家が、中長期の企業価値向上に向けて、建設的な「目的を持った対話」（エンゲージメント）を行うことを求めており、その対話テーマには「ＥＳＧ」が含まれていることから、政策的にＥＳＧ投資を促進するものとなりました。

こうしたもとで、２０１５年９月、世界最大の年金資産規模を持つ年金積立金管理運用独立行政法人（ＧＰＩＦ）が、国連が支持する「責任投資原則（ＰＲＩ）」に署名し、これを一つの契機として我が国でも、ＥＳＧ投資に対する認知度や関心が一段と高まりました。ＳＤＧｓが目指す脱炭素社会、持続可能な社会に向けた戦略的なシフトこそ、我が国の競争力と「新たな成長」の源泉であるとの認識の下、ＥＳＧ投資がさらに社会的インパクトの大きいものとして注目されるに至っています。

投資家側はＥＳＧ重視が良質な投資機会の増加につながり、企業側はＳＤＧｓを「ビジネスの機会」にも「リスク回避」にも活用して競争優位につなげるというコンセンスが醸成されてきています。〈図６〉

したがって、投資家がＥＳＧを投資判断において考慮するのは、運用上のリスクを低減することだけが目的ではなく、社会課題への対応により事業機会が創出される、あるいは競争力の強化につながるという両側面があります。このため、投資家側でも、サステナビリ

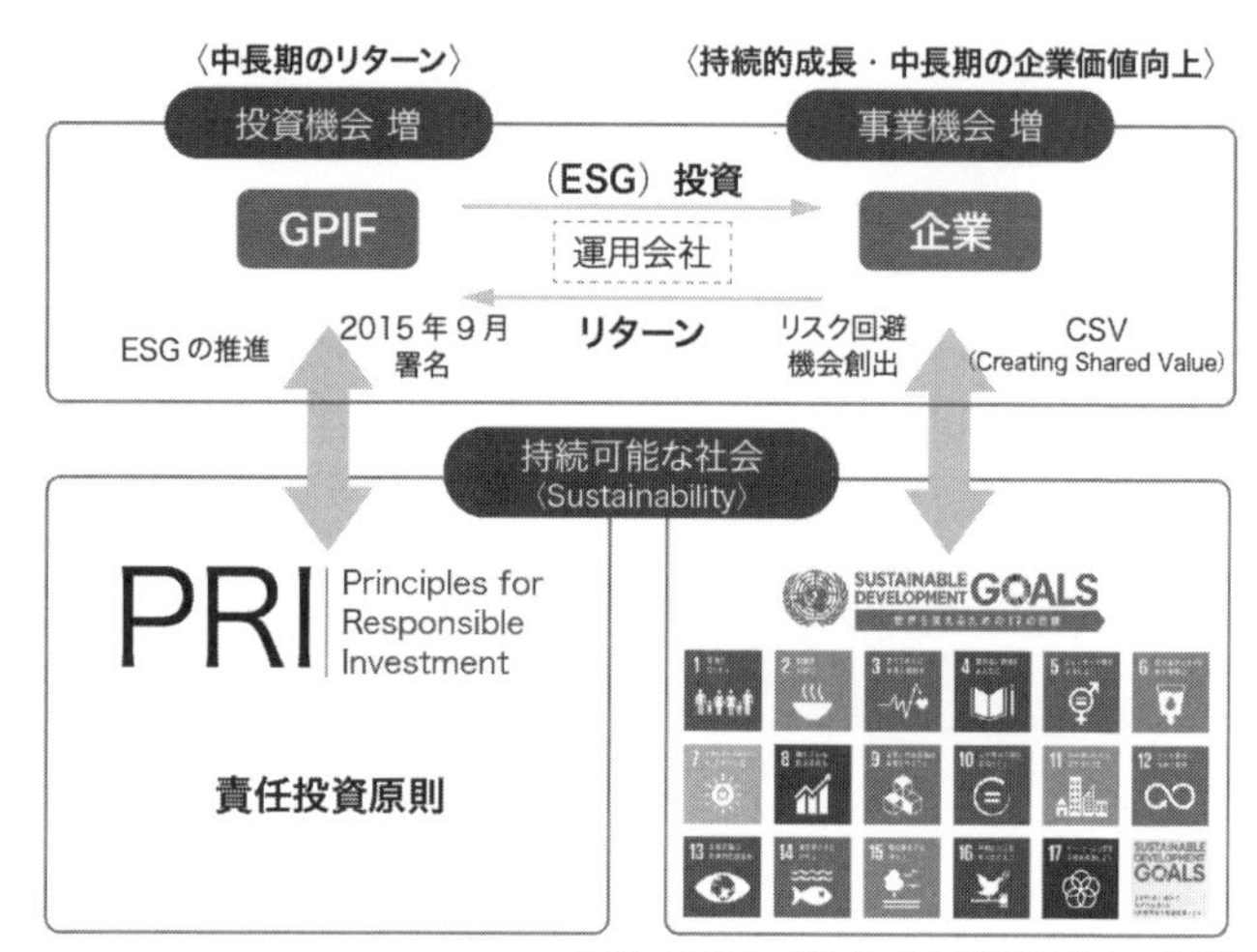

参考：GPIF ウェブサイト「ESG投資とSDGsの関係」

図6 ESG投資とSDGs

ティ時代の共通課題であるSDGsへの注目度が高まっています。SDGsへの取り組みを企業価値創造のポテンシャルや将来的成長性の判断の中で考慮するほか、投資により社会に良き影響を与えるという観点からSDGsを投資のテーマとして設定する運用も徐々に広がりつつあります。SDGsは、持続的成長・中長期の企業価値創造の側面から多くの示唆を与えてくれます。

こうした動きの中で企業側は、自社の事業をSDGsとの関連性から整理し、中長期の経営計画の中核に統合する取り組みも始まっています。

2-5 "SDGsウォッシュ"と後ろ指をさされないために

SDGsは、今やブームのような様相を呈していますが、企業はSDGsをよく理解して、事業戦略に組み込むことが求められています。

Whitewash（ホワイトウォッシュ）という言葉があります。「うわべを飾る、ごまかす」といった意味合いで使われます。そのまま嘘をつくわけではないですが、部分的に強調して事実を伝えたり、表面を取り繕ったり、ごまかしたりといったニュアンスの言葉です。老朽化した建造物を例にとると、本来なら躯体（くたい）から適切な修繕がされるべきところを、とりあえず白くぬってごまかすといった具合です。

ここから派生して、CSRの世界では「グリーンウォッシュ（Greenwash）」という表現が広まりました。環境配慮がない商品・サービス・事業活動などをきちんと環境に配慮しているように見せかける状態を意味します。そこで最近話題になるのが

「ＳＤＧｓウォッシュ」です。つまりＣＳＲ報告書などで、ＳＤＧｓにまともに対応しているかのように誇大表現をしているが、実際は表層的で実体が伴わないことを指します。いわば、〝小手先のＳＤＧｓ〟〝ナンチャッテＳＤＧｓ〟といった感じでしょうか。ひとたび、社会からこうした烙印を押されると、企業は信頼を失墜させ、企業ブランドを毀損します。ブランド力が高ければ、同じことをやっても、パフォーマンスが上がります。その逆は、同じことをするのに、イチイチ手間がかかるようになってしまいます。

ＳＤＧｓは、グローバルでセクターを超えた共通言語です。これが広まることは素晴らしいことです。ただしＣＳＲの軸を踏まえ、ＳＤＧｓの深い理解のもと、表層的ではなく本来の趣旨に即した対応を心掛けたいものです。ＳＤＧｓをビジネスの切り口にするといった視点が主として取り沙汰される傾向にありますが、ＣＳＲ（＝社会への対応）の本分に立ち返り、「リスク回避」を含む両面からの検討・取り組みが重要です。

次章では、ビジネスに社会課題解決を組み込んだ上で、いかにして経済価値と社会価値を同時に実現するかを解き明かします。

第3章
ビジネスと社会課題解決の両立

サステナビリティ時代の企業は、社会の要請と期待にしなやかに応えることが求められます。“要請”に対応し、リスクを回避します。“期待”を的確に捉え、ビジネスの機会を創出します。本章では、現代社会が企業に期待する「ビジネスによる社会課題解決」を中心に解説します。

3-1 要請に対応する「基本的CSR」、期待に応える「CSV」

CSRは、ここ数年で格段の進化（深化）を遂げてきています。従来の「社会貢献活動」や「リスク対応型CSR」から、「価値共創型CSR」へと進展し、さらにはコーポレートブランドや企業価値向上につながる「**CSRブランディング**」という、戦略的なステージにまで広がりつつあります。この「CSRブランディング」というメソッドは、本書の中核テーマとなりますので、順次詳述していきます。

CSRの核心は「**社会への対応力**」です。何に対応するかといえば、現代社会からの「**要請**」や「**期待**」です。

時代が変わって、企業は社会からの次の2つの視点に「対応」していきます。

- 要請…やってもらっては困る、やってもらわないと困る
- 期待…やってもらえると、うれしい

「要請」に対応することが、いわゆる「基本的ＣＳＲ」。これを怠りますと、「今どき、そんなことをやっているのか」「今どき、そんなこともやっていないのか」という烙印を押され、規模の大小、業態に関わらず、企業存亡の危機を招きます。したがって、時代の「要請」に対応することは、「リスク回避」のための基盤となるＣＳＲです。

そして「期待」に応えることを「価値共創型ＣＳＲ」といい、「事業による社会課題解決」の趣旨で普及してきています。ここに、米国経営学者であるマイケル・ポーター教授らが提唱する「**ＣＳＶ**（Creating Shared Value：共通価値の創造）」と称されるコンセプトがあります。経済的価値を創出しながら、社会的ニーズに対応することで社会的価値も創出するというアプローチです。

ビジネスは、企業本位で独善的に行えるはずがなく、さまざまな関係者の協力と自

発的な交換に基づいて成り立っています。関わる人々（ステークホルダー）は、互いのメリットのために自発的に取引をするのであって、企業から強制されて物を買ったり売ったり、役務を提供したりはしません。お客様はどこから買うか、社員はどこで働くか、サプライヤーは自社の製品やサービスをどの企業に提供するか、そして投資家は自らの資金をどの企業に投資するのかを、それぞれ多くの選択肢から選べるというわけです。

企業は、こうした欠くべからざる人々（ステークホルダー）から信頼してもらい、選ばれてこそ、持続的な成長が図れます。信頼されたければ、時代にふさわしくステークホルダーからの「要請や期待」に応えることです。愛着をもって選んでもらうためには、「らしさ（得意技と個性）」を発揮することです。結果として、盤石な経営基盤のもと、新しい価値創造・新しい市場開発が実現できます。そして、「見えざる資産（無形資産）」が高まり、ブランド力や企業価値向上につながります。

3-2 経済的価値と社会的価値は、〝トレード・オン〟！

とかくＣＳＲは、事業の負荷やコストといったトレード・オフで認識されがちですが、「先進のＣＳＲ」で一段高い次元で捉えれば、ビジネスとＣＳＲの〝トレード・オン〟が成立します。こうした観点は、「機会創出」につながる戦略的なＣＳＲと位置づけられます。

このアプローチは、今日のビジネス戦略で脚光を浴びている「事業による社会課題解決」であり、「ＣＳＲブランディング」のフレームワーク（3つの輪の図）における、「❷番」のゾーンです。「事業活動」×「ＣＳＲ（現代社会からの期待）」を意味し、価値共創型ＣＳＲやＣＳＶ（Creating Shared Value：共通価値の創造）と称されるコンセプトとなります。経済的価値を創出しながら、社会的ニーズに対応することで社会的価値も創出するというアプローチです。〈図7〉

時代が求める〝いい感じの企業〟

CSR元年が2003年といわれますが、当初は、CSRに対して、義務的・受動的に取り組む企業が散見されました。しかし最近では、CSRを味方につけて競争力につなげている〝いい感じの企業〟が目立ってきました。反面、「今どき、そんなことをやっているのか、今どき、そんなこともやっていないのか」と酷評されてしまう企業も明白です。社会からこうした烙印を押されますと、企業価値を毀損し、時に企業存亡の危機に陥ります。

現代社会の「要請や期待」に応える

社会的責任の国際規格ISO26000に

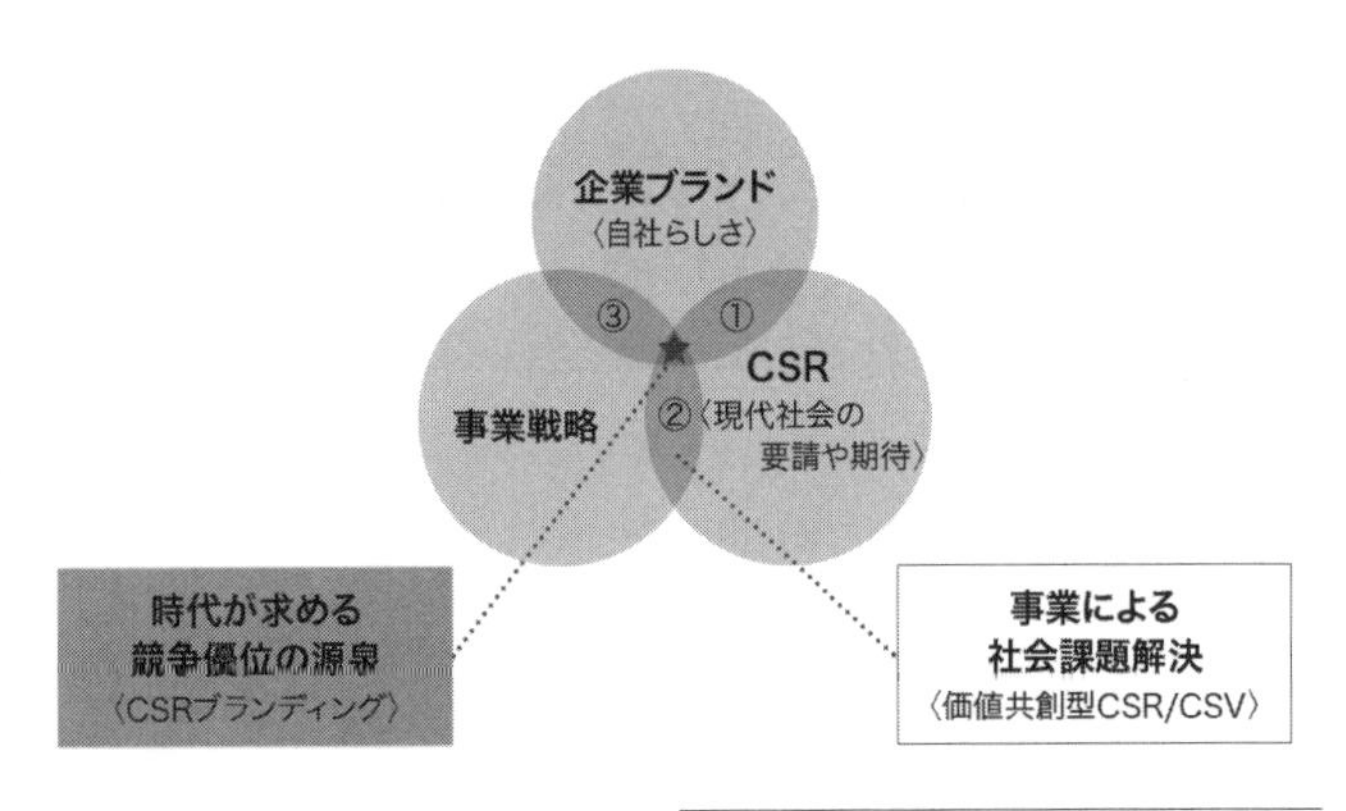

図7「CSRブランディング」フレーム

おける、グローバル標準の社会的責任の定義を確認してみると、「組織の決定および活動が社会および環境に及ぼす影響に対して組織が担う責任」とされています。企業がこの世に存在し、事業を営めば、地球や社会に必ず**影響**を及ぼします。その「影響」には、ポジティブとネガティブ、正の影響と負の影響があります。この「影響」こそが、キーとなります。たとえば、個人においては、家庭における水や電力の消費も限られています。一方企業では、個人と比較にならない量の水や電力を消費します。これが、企業の負の影響です。これに対して、個人が「社会のために」と一念発起してみても、できることに制限があります。ところが企業が動けば、個人とは比べものにならないレベルで良いことができます。これが、企業の正の影響です。

まずは、自社のビジネスが人権・労働、消費者や環境などに悪影響を与えるのを防ぎ、緩和することが要請されています。その上で、自社の強みを活かした社会課題の解決などの良い影響は、いっそう醸し出してほしいと期待されている、ということがポイントです。これにより、**企業と社会の共通価値の創造**が可能となります。〝要請〟に対応するのが「基本的ＣＳＲ」、そして、〝期待〟に応えるのが「価値共創型ＣＳＲ」や「ＣＳＶ」と捉えることができます。

ともすると、「ＣＳＲからＣＳＶへ」「ＣＳＲの時代は終わった」などという声が聞こえてきますが、まずは自社の事業プロセスや製品・サービスが環境・社会に及ぼす影響に関わる責任である「基本的ＣＳＲ」をきちんと担保し、その上で、事業を通じて社会課題を解決する「価値共創型ＣＳＲ」や「ＣＳＶ」に取り組むことが肝要です。今日「基本的ＣＳＲ」は、ビジネスのファンダメンタルズといっても過言ではありません。前者はMust、後者はShouldといえましょう。ＣＳＲの眼目は、企業が「現代社会の要請や期待」に応えることにあります。それぞれ、端的には次のとおりです。

- 要請…ネガティブなインパクトを防ぎ、緩和する⇒基本的ＣＳＲ
- 期待…ポジティブなインパクトを醸し出す⇒価値共創型ＣＳＲ、ＣＳＶ

企業が「期待に応える」には、On BusinessとOff Businessの両側面があり、いわゆる「社会貢献活動」は後者に位置づけられます。まだまだ経営層では本業外の「企業市民」的な概念も根強く、「ＣＳＲ≒社会貢献」という認識が多いようですが、先進のＣＳＲにおいては「本業における要請や期待への対応力」が求められています。

3-3 ポーターとコトラーの視点

経営戦略としての「社会課題解決」の捉え方

これまで、「経営戦略」といえば、企業がいかに利益を創出するか、という視点から論じられてきました。とかく、企業の目的を利益の追求のみと捉えると、多少の社会問題や環境問題などの外部不経済を引き起こしてしまうのは仕方がない、という発想になりがちです。しかしながら、地球環境や社会の持続性なしには、ビジネスは成り立たないことも自明です。そこで求められるのが、経済価値と社会価値を高次に融合させる、「事業によって社会課題を解決し、社会とともに発展する」という経営の視座となります。

P.F.ドラッカーは、「企業をはじめとするあらゆる組織は、社会の機関である」とし、あらゆる組織が、人を幸せにし、社会をより良いものにするために存在すると述べています。今日まで長年にわたって堅実に発展してきている企業には、創業者の熱い想いと信念があり、そこには必ずと言っていいほど「社会を豊かにする」「社会を幸せにする」といった本旨が込められています。ただ、その「社会」が激しく変化するので、これまでの対応が歓迎されなくなったり、更には、かえって害になったりします。その逆に、以前はあまり気に留めていなかったことが、新たなバリューとみなされることが起き得ます。だからこそ、その目まぐるしく変化する「社会」のニーズを的確に捉え、社会価値の創造や社会の課題を解決していくことが、ステークホルダーからの信頼獲得や自社の持続的成長の好機を生み出します。時代の変化にしなやかに対応して社会の新しいニーズに応えていくことが、これからも中長期に発展していくための経営戦略となります。前述したマイケル・ポーター教授の「CSV（Creating Shared Value：共通価値の創造）」は、このような文脈から言及しました。

フィリップ・コトラーの「マーケティング3.0」

ノースウェスタン大学ケロッグスクールのフィリップ・コトラー教授は、「マーケティング3.0」というコンセプトを提唱しており、「企業と社会の両方に価値を生み出す企業活動」として注目されています。

それは、「製品中心」の考え方であるマーケティング1.0から、「顧客中心」のマーケティング2.0を経て、「人間志向」「価値主導」のマーケティングを3.0とする考え方です。これからのマーケティングは、消費者を全人的存在として捉え、その奥深くにある「社会をより良い場所にしたい」という欲求に対して、企業は、より大きなミッション・ビジョンを持ち、世界に貢献し、「社会の不安や課題に対するソリューション」を提供するというスタンスを構えなければならないと唱えています。

企業は、生活者に製品・サービスだけでなく、精神的価値や社会的価値をも提供する存在へと変貌しています。つまり、「人格（社格）」「人柄（社柄）」を持った存在として見られる時代になったわけです。次の段階では、「マーケティング4.0」として、顧客の自己実現を満たし、最高の自分を引き出してくれる商品・サービスが求められているといった領域にも踏み込んでいます。

「CS」から「HS」へ

マーケティングの世界では、これまで「CS（Customer Satisfaction）：顧客満足」が叫ばれてきましたが、企業と社会の価値共創の時代を迎え、顧客満足を超えた新しいビジネス哲学やスタイルが求められるようになりました。製品・サービスの機能的価値・情緒的価値を提供するのはもとより、「地球や社会にも良い」といった精神的価値も志向されています。これが、HS（Human Satisfaction）、いわば「人間としての充足感」をもたらします。顧客満足においても、高品質に加え、安心安全、健康などのCSR要素が重要視され、さらには消費者としてだけではなく、「人として満ち足りた気分になれる」という視点が、時代が求めるプレミアムな競争力となってきています。

いみじくも、ポーターとコトラーの両氏、経営側・マーケティング側のそれぞれの大家の論陣も、「ビジネスと社会課題解決の両立」の観点から収斂することができ、

現代の企業戦略のエッセンスが「社会課題解決」というキーワードでシンクロしてきているように思われます。〈図8〉

そして、この分野に「**らしさ**」を加味してこそ、真の競争優位となるというのが、次章で解説する「**CSRブランディング**」のセオリーです。

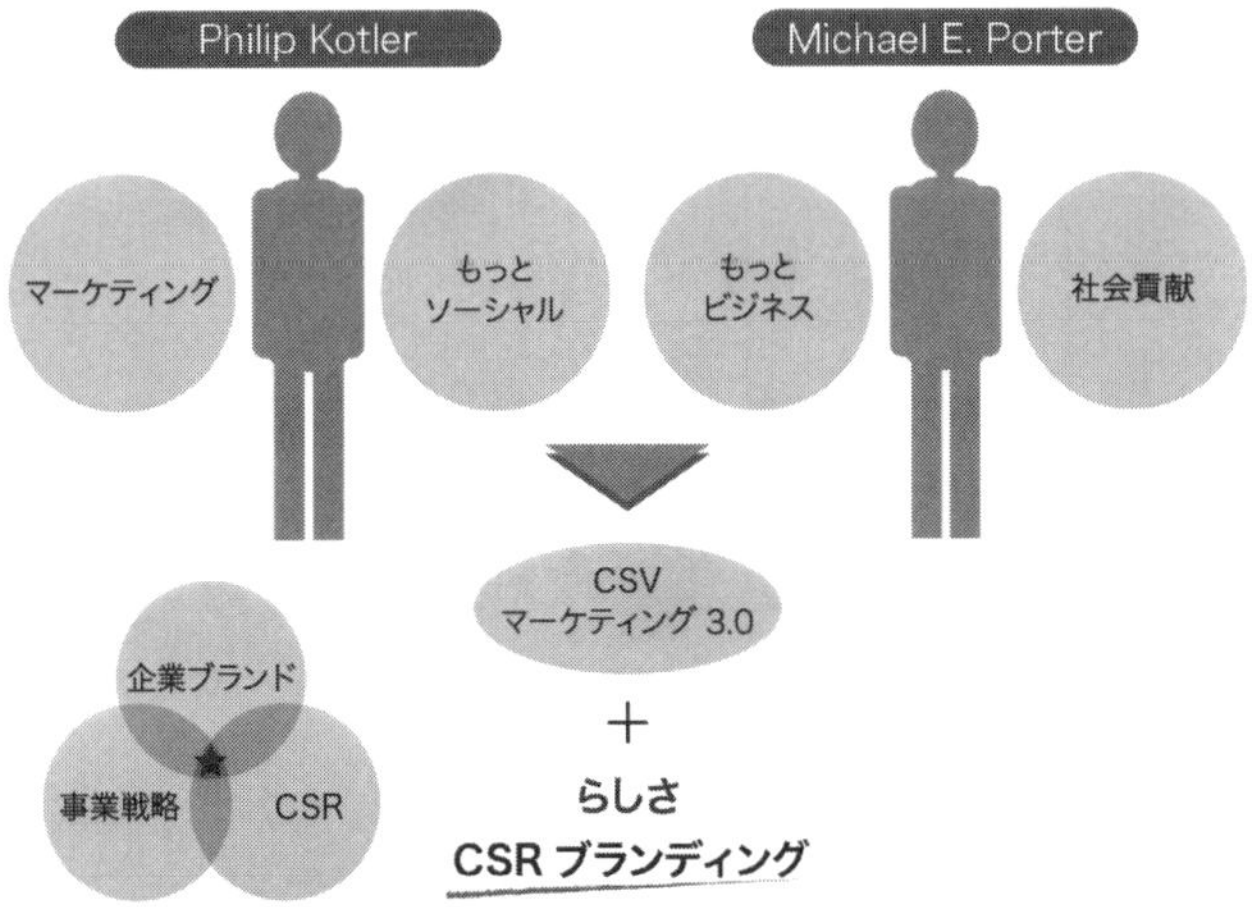

図8 **CSRブランディング**

3-4 「社会課題」は、明日のビジネス・オポチュニティ

「社会課題」って何!?

「事業による社会課題解決」と、あちらこちらからよく聞くようになりました。ただ風潮として、今の仕事に何か特別にプラス・オンしなければならないといった感じはありませんか？　肩肘張って苦心している様子も見受けられます。まして、CSR部門が気合を入れて旗を振っても、事業部門のメンバーは、日常業務で手一杯で、それどころじゃないと取り合ってくれなかったりしませんか？　これが、せっかくの「戦略的なCSR」や「CSV」が空転する典型例です。

CSRの原点は、世の中の〝変化に対応すること〟。ここに立ち返れば、時代の変化にしなやかに対応して社会の新しいニーズに応えていくことができます。すなわち

「社会課題解決」が、明日のビジネス・オポチュニティと捉えられるのです。大上段から構えて、「ＩＳＯ２６０００」、「ＳＤＧｓ（持続可能な開発目標：Sustainable Development Goals）」、「経済団体のフレームワーク」などに取り組むことはもちろん重要ですが、大きなルールやうねりには必ず趣旨や背景があります。何事も、最初にものの本質を押さえておけば、日常の生活やビジネスシーンで「気づき」が生まれ、自然体で有利に事を進められるはずです。

大手自動車会社の業務提携 ～時代が求める企業競争力

昨今、自動車業界の大きな動きが目立ちます。大手自動車会社による業務提携の記者会見で、トップが「変化への対応」、これが今乗り越えなくてはいけない課題だと述べました。そして提携先を「変化に対して臨機応変に対応できる力が非常に長けている」と評価し、提携の意義を語っていました。その変化する社会のリクエストこそが、ＩＴを軸とした技術革新であり、「環境」「安全」。まさに、次世代の環境保全や安全対策という代表的な「社会課題」の解決こそが、**時代が求める企業競争力**というわけです。

〝何か〟があるから買わない。〝何か〟があれば買う
～生活者が、消費者に変わる時

現代マーケティングの父と名高い、フィリップ・コトラー教授は、マーケティングとは「顧客が直面している問題に対して解決策（ソリューション）を提示すること」と唱えています。ここでいう問題には、顧客が〝気づいていない問題〟も含みます。また、「賢明なマーケターは、まだ満たされていない隠れたニーズを発見し、これを具体的に定義できる存在である」とも述べています。〈図9〉

下図のように、通常、マーケティングのターゲットは、市場であり、消費者です。ところが近年、お客様の価値観やニーズが大きく変容してきたことを実感す

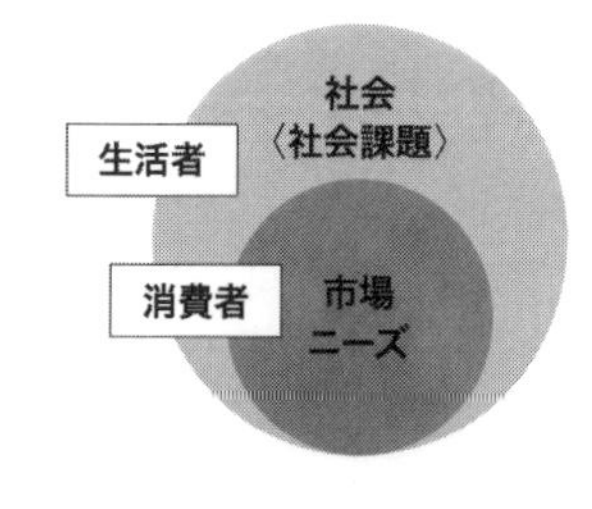

図9 社会課題解決で「顧客の創造」

ることがありませんか？「あれ？　お客様が今までと違ったことをおっしゃってるなぁ」。それは、「社会」が変化しているからです。お客様も社会の一員として、生活者でもあるわけですから、社会の変化がお客様に表れる。お客様を通じて、社会の変化を知るわけです。

頻発する歩行者を巻き込んだ自動車事故を見たりすると、高齢者やペーパードライバーの中には、「もう車はこわい、もう運転することはない」と断念している人もいるかもしれません。高齢者の中には、歯の老化によって、若い頃から好きだったお菓子が食べられなくなっている人がいるかもしれません。食物アレルギーで、家族と一緒に食べたいメニューを我慢している子供たちもいます。この人たちは、企業の現行商品にとっては、市場から遠ざかってしまっている方たちです。それならば、「自動運転にする」「嚙めるようにする」「アレルゲンの特定原材料を不使用にする」といったアプローチはいかがでしょうか。「生活者」が「消費者」に変わる瞬間です。まだ見ぬ消費者は、〝何か〟が気になるから買わないし、〝何か〟があれば安心して買う、といったことはありませんか？　この「何か」こそが、時代とともに変化する社会の関心事といえます。

〝WITH CSR〟が、顧客を創造する

とかく、「社会課題を解決しよう！」というと、事業部門にとっては、今やっているビジネスの負荷となる、プラスαである、といった反射的な印象で及び腰になりがちですが、むしろ既存の競争市場からブレークスルーできるレバレッジとなり得るのです。

次の図のように、現行の商品・サービスに、「WITH CSR（現代社会の期待）」をする、つまり〝現代社会に良きことを融合〟することによって、生活者が消費者（お客様）に変わり、新しい価値創出・新しい市場開発につながります。競争の激しい既存市場であるレッド・オーシャンから、未開拓の新しい市場とされるブルー・オーシャンへのチャンスとなります。「企業の目的は、『顧客の創造』である」。有名なドラッカー教授の至言ですが、まさに「WITH CSR」が顧客の創造をもたらします。生活者が直面する社会課題に着眼し、ビジネスで解決すれば、マーケットが開拓でき消費者が拡がるのです。

CSRは、特別な領域のみの活動ではなく、**変わりゆく現代社会の要請や期待に応**

えていくことが本質にあります。「モノ」ではなく、現代社会の新しいニーズを捉えた「価値」を提供する。この発想で、事業を通じて社会課題の解決や社会価値を創り出しながら、同時に経済価値を生み出していく。価値提供の対象を、単に消費者や顕在顧客に限定するのではなく、潜在顧客である生活者や地域、社会といったあらゆるステークホルダーに広げて信頼を獲得し、**企業と社会との相乗発展**を意識したマーケティングをすることがトレンドとなっています。〈図10〉

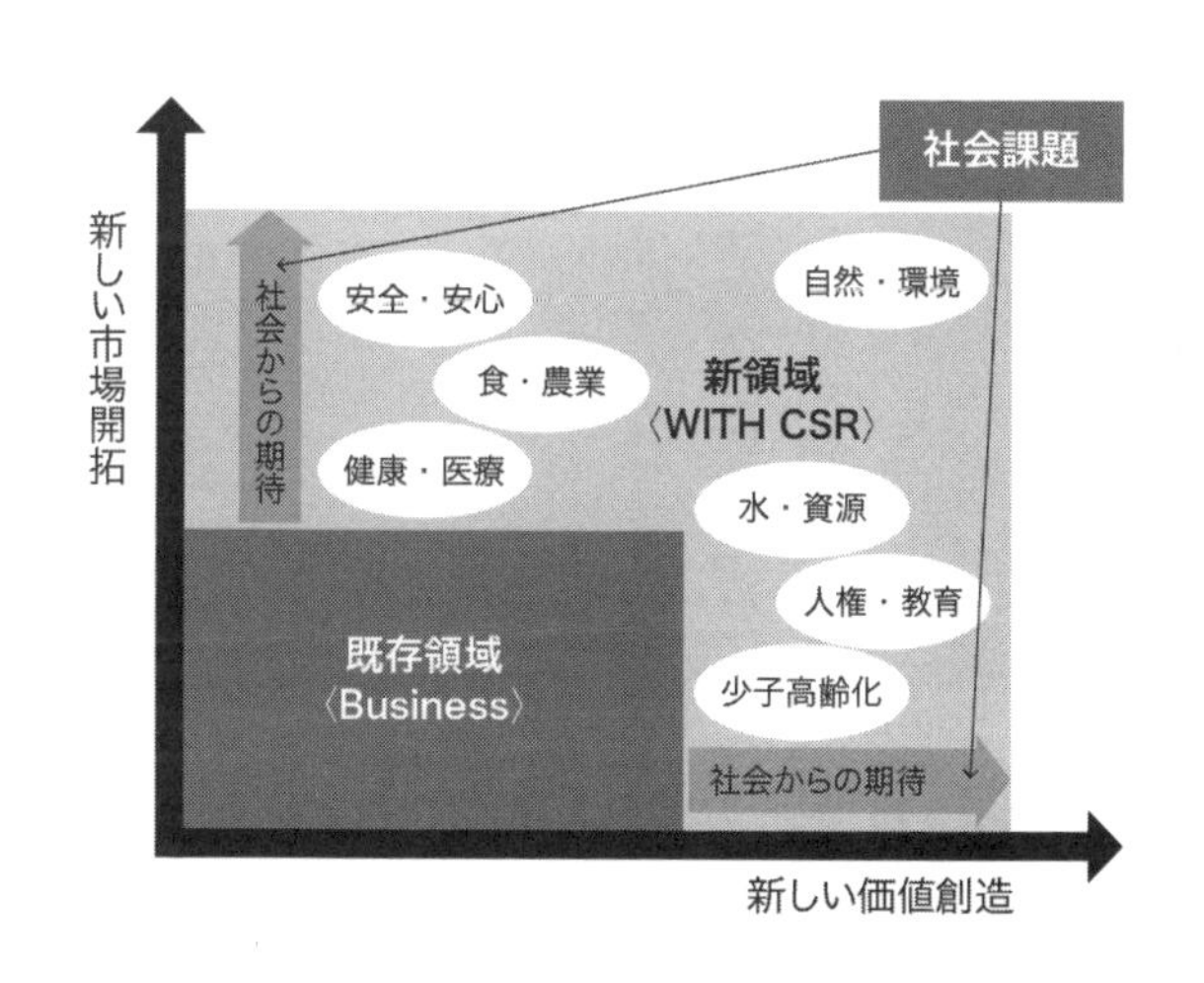

図10 “WITH CSR”が顧客を創造する

3-5 経営戦略に組込まれた「CSR／CSV」

「経営とCSR／CSVはどう統合するのか？」というテーマに関心が高まっています。そこで近年、大手銀行が東京の有名私大キャンパス内に本店を移転したという好事例をもとに解説しましょう。

銀行も大学も「CSV」～大手銀行、大学構内に本店！

大手銀行が大学のキャンパスに本店を設けるのは初めてということです。この銀行によると、ビルの1階が資産運用などを相談する店舗、7階から16階までが本社で、約1200人のスタッフが大学構内で勤務しているそうです。顧客は大通りに面している入口から店舗に出入りできます。

同行のホームページによると、中期経営計画において「金融仲介機能の発揮による社会的課題の解決により、新たな競争力を確保し、将来にわたり、わが国経済社会の発展に寄与する」という主旨を経営方針に盛り込んでいます。そして、「CSVプロジェクトチーム」を組織横断的に立ち上げ、マネジメントレベルによる組織「社会・事業価値創造協議会」を設置しています。

銀行も一般企業も、目まぐるしく変化する「社会」のニーズを的確に捉え、事業を通じて現代社会が求める新たな価値創造をしていくことが、これからも中長期に発展していくための経営戦略となります。ここに、**経済性**（**利益の創出**）**と社会性**（**社会課題の解決**）**を両立**させる「価値共創型CSR」や「CSV（Creating Shared Value：共通価値の創造）」のコンセプトが組込まれています。こうした経営姿勢によって、ステークホルダーからの信頼が獲得でき、持続的成長・中長期の企業価値向上の原動力となります。

それでは、本事例に基づき、「銀行」と「大学」、そして「社会」のそれぞれの立場から、「**共通の価値**」をみてみましょう。

「銀行」からすれば

- 首都直下地震など大地震の発生が懸念される中、耐震性が高く非常用の電源が確保された新築のビルに移転することで災害への備えを強化できる。
- 当銀行は個人向けの金融商品の販売で中高年の顧客が多く、今後、大学が持つ分析のノウハウを活かし、シニア世代の消費動向に関する共同調査を行うなど大学とのシナジー効果が生み出せる。
- 現役のバンカーが、銀行の実務を教えるビジネス講座を開催するほか、立地を活かし大学との連携を深められる。
- さまざまな業界で人手不足が深刻化する中、今後銀行にとっては人材確保に有利となる。

「大学」からすれば

- 有名大といえども少子化に伴って学生の確保が課題となる中、大手銀行本店を誘致することで安定した賃料収入を長期的に得られることにより、その収益を「海外からの留学生や遠方出身の学生への支援を目的とした奨学金」などに充てられる。
- 学生ならびに研究者に対し、金融をテーマとした学習・就業体験・研究機会を広く提供してもらえる。

- 現役のバンカーから銀行の実務を学べる講座を開き、企業とのつながりをアピール。大学院で学び直したいという社会人などのニーズに応えていくこともできる。
- 海外から来ている留学生に、日本の金融を学んでもらう機会を設けられる。
- 学生の就職相談やインターンシップなども積極的に受け入れてもらえ、就職活動の支援につながっていく。

「社会」からすれば

近年の厳しい雇用情勢に加え、実践的な人材育成の変化、学生の多様な職業教育ニーズ、職業観・勤労観の希薄化など、大学はいま、学生と社会・職業との間の円滑な〝架橋〟に関してさまざまな課題を抱えています。本事例は、銀行と大学との「価値共創」により、こうした社会課題解決に資する取り組みとなっています。

また、ステークホルダーである「地域コミュニティ」との繋がりも重んじられています。新ビルの1階エントランスホールには、当大学の歴史とともに、周辺地域の歴史と文化を展示するスペースを設けるなど、地域の新たなランドマークとして、活気ある街づくりへの貢献を志向しています。

「らしさ」を発揮して、ブランド力向上へ

この銀行は、新本店の開設に伴い、「役職員一同、これを機にお客様にさらに**ユニークで専門性の高い**金融サービスを提供できますよう一層努力していく」とコメントしています。同行はもともと、経営方針の一つの柱に、「ユニークで専門性のあるビジネスモデル」を掲げていました。〝**自行らしさ**〟が一貫して訴求されています。

この大学は、東京・四谷にある歴史ある名門校です。銀行本店が入居した新ビルは、敷地内6号館ですが、通称「ソフィアタワー」として誇り高く親しまれています。低層階には、1932年に建設されたノスタルジックな1号館や、隣接するカトリック麹町教会（聖イグナチオ教会）と同じテラコッタを壁や床に用いることで、地域の町並みとの調和が図られています。

こうした施策は、銀行側も大学側も「らしさ」を発揮して、ブランド力向上に寄与する取り組みといえそうです。

3-6 「先進のCSR」が企業競争力につながる10の要素

先進のCSRの本質は、現代社会の要請と期待にしなやかに応えることです。〝**要請**〟に対応し、リスクを回避し、〝**期待**〟を的確に捉え、ビジネスの機会を創出します。「先進のCSR」が企業競争力につながる、主な10の要素（ベネフィット）を次のとおり挙げておきます。

❶新しい価値創造や新しい市場開拓につながる
❷イノベーションが引き起こされる
❸企業ブランド・社会的評価（レピュテーション）が向上する
❹リスクマネジメントが強化される
❺コストダウン効果が発生する
❻資金調達先（投資家・金融機関など）からの評価が高まる

❼取引先とのCSR協働（持続可能な調達）により、サプライチェーンにおけるリスク回避と競争力強化が図れる
❽従業員の離職率低下とモチベーションアップに寄与する
❾優秀な人的資源の獲得が有利になる（採用ブランドの向上）
❿業界や地域経済の活性化に貢献できる

次章では、「ビジネスと社会課題解決」を両立させ、その上で〝らしさ〟を発揮して競争優位を創り出す戦略メソッドを紹介します。

第4章

サステナビリティ時代の戦略メソッド！「CSRブランディング」

「CSR」と「ブランディング」。この深遠なる2つの概念を“らしさ”を触媒として融合させることで、自社ならではの持続的な競争優位性を創出する戦略メソッドが、「CSRブランディング」です。本章では、「CSRブランディング」の構造を解き明かし、その上で、「CSRブランディング2.0」の位置づけとしての「STARS」戦略フレームを提示します。

4-1 「先進のCSR」と「企業ブランディング」の融合

今日の激変する経営環境において、企業は現代社会からの要請や期待を的確に捉え、時代にふさわしい新しい価値を〝自社らしく〟創造し、持続的な成長に結びつけていく経営が求められています。

ともすると、「時代が変わったよなぁ」とぼやいてしまう経営層やビジネスパーソンが見受けられますが、その場合、ほぼネガティブ、つまり「昔は、よかったよなぁ」を意味していませんか。先進のCSRは、事業を現代社会のニーズに適合させつつ進化させることができます。すなわち、「**ビジネス**」**と**「**社会課題解決**」**を両立**させることが可能となります。その際、その企業**ならでは**の哲学や信条、使命感のもと、得意技と個性が発揮されると、競争優位の源泉となります。ここに「CSR」と「ブランディング」の融合の糸口があります。

ブランディングというと、秀逸な「商品ブランド」によって、顧客ロイヤルティを獲得していくという意味合いで使われることが多いです。しかしCSR視点のブランディングとは、現代社会にふさわしい「企業ブランド」を構築することによって、お客様をはじめとする、あらゆるステークホルダーからの信頼度と愛着度を高めることです。

「CSR」と「ブランディング」。この戦略性ある深遠なる2つの概念を「**らしさ**」を触媒として融合させることで、自社ならではの持続的な競争優位性が創出できます。これが、本書のメインテーマである「CSRブランディング」の要諦です。今日の激変する経営環境において、CSRは企業と社会の相乗発展を実現するものであり、中期経営計画に組込むなど、経営の中核に位置づけ、戦略的に投資をするだけの価値があります。そして、その企業**ならでは**の持ち味を発揮すれば、時代が求める新しい企業競争力となります。現代企業は、ステークホルダーから、「CSRブランド力」によって選ばれる時代に入ったといえるでしょう。

4-2

「CSRブランディング」の戦略フレーム

——★（レッド・スター）を目指そう！

CSRブランディングは、**「ビジネスと社会課題解決を両立させ、〝らしさ〟で競争優位を創り出す」**戦略メソッドです。事業戦略にCSR要素を融合させ、自社の強みや持ち味を活かした資源を投入し、戦略的に取り組む。それにより、社会からの信頼とリスペクト目線を獲得しながら、コーポレートブランドが高まり、企業価値向上につながります。本メソッドは、**「時代に選ばれ、次代にも輝き続ける企業」**であるための気づきや経営戦略の切り口を提示します。

それでは、「事業活動×CSR×自社らしさ」の3要素を掛け合わせた、「CSRブランディング」の独自のフレームワーク〈3つの輪の図〉をご紹介します。〈図11〉これまでの「事業戦略」に「時代の要請や期待」を組込み、時代にふさわしいビジネスとして磨きをかけます。その上で、「自社らしさ」を触媒することで「差異化」を実現し、

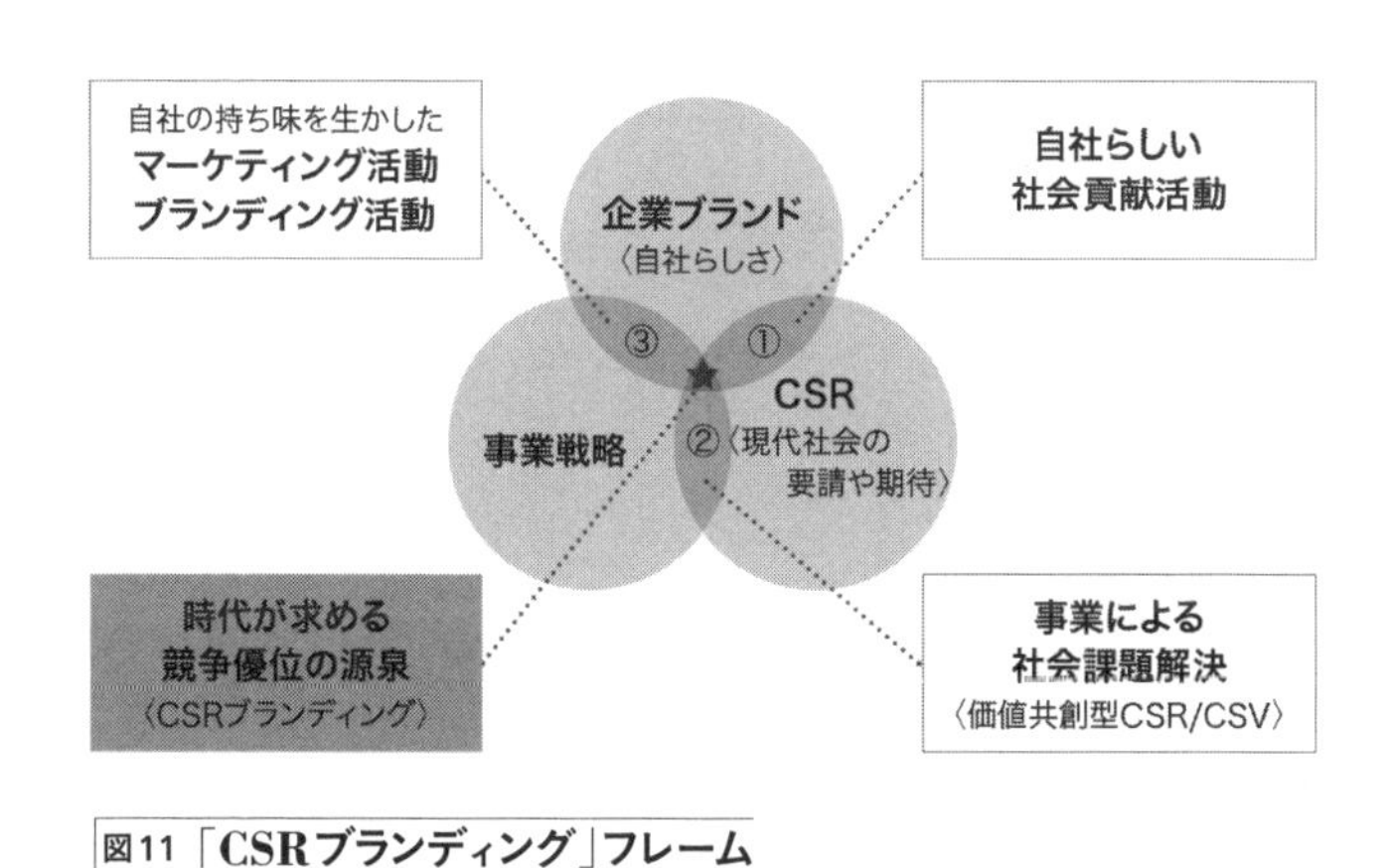

図11「CSRブランディング」フレーム

競争優位につながります。この3つの輪が重なった、真ん中の「★」こそが、時代が求める競争優位の源泉といえます。最終的に競争力となるのは、他社との「違い」をつくることです。脈々と培ってきた経営に、今の時代の3つのキードライバーを注ぎ、磨きをかけることが「CSRブランディング」のねらいとなります。

このフレーム図は、それぞれの「輪の重なり」がポイントとなります。すなわち、「❶・❷・❸・★」です。

❶のポジション：「自社らしさ」×「CSR（現代社会からの期待）」…自社らしい社会貢献活動

❷のポジション：「事業活動」×「CSR（現代社会からの期待）」…価値共創型CSR、CSV（Creating Shared Value：共通価値の創造）

❸のポジション：「事業活動」×「自社らしさ」…自社の持ち味を活かしたマーケティング活動、ブランディング活動

★のポジション：「事業活動」×「CSR（現代社会からの期待）」×「自社らしさ」…CSRブランディング

「らしさ」を触媒に、競争優位を獲得する

「ＣＳＲブランディング」は、ビジネスと社会課題解決を両立させ、〝**らしさ**〟で競争優位を創り出す戦略メソッドです。先進のＣＳＲは、「事業戦略」に「時代の要請や期待」を組込み、時代にふさわしいビジネスとして磨きをかけます。時代を味方につけながら、社会との価値共創のビジネスへと脱皮する重要戦略です。ただし、最終的に競争力となるのは、他社との「違い」をつくること、〝ならでは〟を発揮することです。すなわち、「らしさ」を触媒にすることで、競争優位を獲得することができます。

「らしさ」って、何？

「らしさ」とは、表層的なイメージだけでなく、自社の存在意義として深層から湧き出る概念であり、ブランド・アイデンティティを示します。これにより、顧客をはじめとするステークホルダーとの長期にわたる精神的な結び付きを構築することがで

きます。そのためには、自社の定義ともいえる「**らしさ**（**ブランド・アイデンティティ**）」を見極め、顧客をはじめとする社会に明確に表明し、それに寄せられる期待に、〝らしく〟応え続けることが、「ブランディング」の眼目です。

「らしさ」を端的に表現すると、「**お家芸**（**得意技**）」と「**個性**」であり、自社のこだわりや最も大事にしている価値観が反映されています。創業のスピリットや経営哲学が脈々と受け継がれ、「企業理念」や「組織文化」となって根付いているものです。

「らしさ」は、企業の哲学・理念、経営トップの顔、社員のビヘイビア（企業行動、一挙手一投足）、そしてその会社の哲学が具現化されている製品・サービスによって醸し出されます。それによって、顧客や社会にとって、〝他とは違う〟一目でわかる特長として表われ、信頼と愛着につながります。

パーソナル・ブランディングにも、「CSRブランディング」

「CSRブランディング」の考え方に基づき、〝自社らしく〟世の中の要請や期待に応えることにより、差異化が図れ、信頼と愛着がもたらされます。それは「**時代に選**

ばれ、次代にも輝き続ける企業」への道に通じます。顧客のみならず社会に恩恵をもたらす際に投下される経営資源については、〝らしさ（持ち味）〟を活かすことが高い投資効果に結び付くことは言うまでもありません。

「らしさ」は、現代企業の命運を左右する無形の競争要因といえます。そして、「らしさ」は、コーポレート・ブランディングだけでなく、パーソナル・ブランディングにとっても差別化の決め手となります。企業のみならず、個人にとっても高い志を実現する思考法として、「CSRブランディング」メソッドをおすすめします。

「CSRフィルター」が、レバレッジに

「CSRブランディング」の戦略フレームの勘所は、3つの輪の1つである「CSR（現代社会の要請や期待）」の取扱いです。時代が変わり、これまでの平面的・一面的・表層的な視点だけでは、死角ができてしまったり、大事な部分を見逃すリスクが出てきました。すなわち、これまでのプロダクトアウト型の商品性能やプロモーションが牽引した事業活動に、もう一つの角度から「CSRフィルター」を掛け合わ

せることにより、奥行きと立体感ができ、時代にふさわしい付加価値を生み出します。

通常の事業活動に、戦略的なＣＳＲ視点を織り込むことで、それがレバレッジとなります。こうしたアプローチにより、変化する社会の要請や期待を先取りします。それをいち早く、新しい価値創出や新しい市場開拓に結びつけることができ、イノベーションが促され、企業競争力につながっていきます。

「**ＣＳＲがビジネスにつながる**」という、クリエティティブで戦略的な視点と、「**ビジネスをＣＳＲにつなげる**」という志の高い気概を併せ持つことが大切です。経団連も、ＣＳＲを「企業活動において、経済・環境・社会に側面を総合的に捉え、競争力の源泉とし、企業価値の向上につなげる経営活動」としています。この文脈には、「企業と社会の価値共創」「企業と社会の相乗発展」のメカニズムを築くことによって、時代が求める企業競争力の強化とより良い社会の両立を実現しよう、という積極的な観点が読み取れます。

4-3 〃らしさ〃を統合した、先進の社会貢献活動

社会に喜ばれ、最も経営効率の良い「戦略的社会貢献」をご存知ですか？ それは、〃ならでは〃の社会貢献活動、すなわち「自社らしさ」を発揮することです。前述のとおり、「事業活動×CSR×自社らしさ」の3要素を掛け合わせた、「CSRブランディング」の独自のフレームワーク（3つの輪の図）に基づき、解説します。この図〈図11〉の「1番」のゾーンが、自社**らしい**社会貢献活動です。これは、「自社らしさ」×「CSR（現代社会からの期待）」を意味します。

CSRへの関心の高まりと共に、「持続可能な社会を実現するために、企業の社会貢献活動はどのような役割を担うべきか」という視点が定着しつつあります。経団連の「社会貢献」の定義では、「社会貢献とは、自発的に社会の課題に取り組み、直接

の対価を求めることなく、資源や専門能力を投入し、その解決に貢献すること」とされています。すなわち、企業は社会の一員であり、社会は企業の存立基盤なので、その社会が抱える課題に、自発的に経営資源を投入することが求められているのです。

企業の社会貢献活動は、社会に付加価値を提供したり、地球環境保全や健全な社会づくりなどに寄与することで、結果として企業側もさまざまな恩恵を受けます。社会的なリスクへの感度が高まり、社会からの信頼度や好感度が醸成されるとともに、社員の社会性が磨かれ、能力開発や士気の高揚につながります。

さらに、〝**自社らしさ**〟を活かしたプログラムが開発できれば、実は最も経営効率の良い社会貢献となります。つまり、単なる他社マネや横並びで見よう見まねの不慣れな取り組みをすると、思わぬリスクに晒されることもあり得ます。解決能力が未熟な分野での取り組みは、かえってリスクとなります。逆に、〝売るほどある〟商品・サービス、それにまつわる「餅は餅屋」の専門性・知見・ノウハウが投入されれば、最も経営資源が効率的に、安全に活用されることになります。

こうした観点は、金融機関や投資家などのステークホルダーから調達した資金を、責任を持って投入する企業にとって大変重要です。社会貢献活動は、企業の資源を社会に拠出する以上、ステークホルダーへの説明責任の観点から、情報開示が急速に進展してきています。企業理念やミッションとの整合性を担保し、お家芸（得意技）による社会貢献を行い、結果として、コーポレートブランドや企業価値の向上につなげていきたいものです。その企業**らしい**社会貢献は、顧客・生活者からすれば、「なるほど」「だからなんだ」と納得できる活動であり、ブランドイメージと整合します。

それでは、「CSRブランディング」フレームワークに基づき、「本業の特色を活かした社会貢献活動」の事例をご紹介します。この図〈図11〉の「1番」のゾーン、それは「自社らしさ」×「CSR（現代社会からの期待）」を意味します。

【事例】
食品メーカー…　農業の支援と料理教室の開催
農業・建設機械メーカー…　耕作放棄地再生支援
宅配会社…　高齢者の見守りサービス

トイレタリーメーカー…子供向け手洗い講座

精密機器メーカー…「写真コンテスト」を開催

このように、〝らしさ〟が統合された社会貢献活動は、基本的に直接の対価を得ることはありませんが、事後に「（格別の）ありがとう！」と「さすがだよね！」を獲得してきます。前者の社会から感謝されることは、昨今の社会的使命や自己実現を志向するビジネスパーソンにとって、金銭報酬に比肩する貴重な「非金銭報酬」といえます。モチベーションと自社へのロイヤルティ（信頼し愛着を持つこと）につながります。そして、後者の社会から一目置かれることは、社員のブランド意識に直結する「自信」や「誇り」がもたらされます。まさに「CSRブランディング」の真骨頂です。

4-4 あるパン屋さんに学ぶ、〝素敵なＣＳＲ〟

企業が「社会のために良いこと」をする。それを「本業外でやるか」「本業でやるか」といった視点が、グチャグチャになって困っている方々によくお目にかかります。

そこで、架空の「あるパン屋さん」を例にわかりやすく解説します。

オーナーの「一人二役（double role）」
～世話好きな住民・センスのいい経営者

閑静な住宅街の高台に、老舗のパン屋さんがあったとします。そのオーナーは、とても面倒見がよく、町内会の世話役やＰＴＡ会長もよろこんで買って出てくれます。平日でも会合やクリーン活動などに積極的に参加し、町内運動会には、商品である美味しいパンを無償提供しています。これが、パン屋さんの〝企業市民〟としての活動、いわゆる「**社会貢献活動**」です。企業が社会の一員として、「良き企業市民であれ（Corporate Citizenship）」という信条を織り込むことは、永続発展にとって不可欠な気構えです。

パン屋さんは、創業時から高台の住宅地に店を構え、若夫婦好みのフランスパンが人気を博し、歯ごたえあるバゲットを看板商品として繁盛してきました。ところが、商売環境が時代とともにどんどん変化します。近年は高齢化が進み、自慢のバゲットがさっぱり売れなくなりました。坂道も急なので、一部のお年寄りは「買い物弱者」と呼ばれたりしています。そして、若い女性たちには、近所のヘルシー食材店が人気です。

そこで、オーナーは考えました。「そうだ！　葉酸入りのヘルシーパンや、噛む力が弱くなった高齢の方でもラクラク噛めるフランスパンを開発しよう！」。また、閑静な住宅街でもあるので、静かで環境に良い電気自動車で配達することにしました。さらに、近隣住民には、新興国の若者が増えてきたので、彼らを適正な賃金で雇用して、日本語を教えたりして喜ばれています。これが、戦略的CSRの側面である「**事業による社会課題解決**」、すなわち「価値共創型CSR／CSV」の概念です。

パン屋さんと地域社会との持続的な相乗発展に向けて、オーナーの「世話好きな住民」と「センスのいい経営者」という「一人二役（double role）」、とても素敵です。

4-5 「CSRブランディング」の全体構造

パン屋さんの模範的なCSRを紹介しましたが、規模の大小・業種業態に関わらず、原理原則は同じです。

では、ここで〈図12〉に基づいて、「CSRブランディング」の全体構造を俯瞰しておきましょう。多くの会社が、企業理念というものを掲げています。それは、会社が最も大切にする根本的な考え方であり、会社の目的、存在意義、価値観が言葉で表現されています。今日まで、営々と長きにわたって発展している企業は、ほとんど全てと言っていいくらいに「社会を幸せにする」「社会を豊かにする」という概念が込められています。

したがって、まずは、その社会に迷惑をかけるわけにいきません。これが、社会の要請に対応する「基本的CSR」です。「CSRブランディングの3つの輪の図」の

CSRの「現代社会の要請」となります。

その要請をきちんと果たした上で、もちろん「社会の役に立つ」ことを目指します。そのためには、Off Businessで行なう「社会貢献活動」と、On Businessで取り組む「価値共創型CSR」があります。前者が、いわゆる「社会貢献活動」であり、後者が、「事業による社会課題解決」です。両方とも、「現代社会の期待」に応える輪に該当しますが、On Businessの方は、**「事業による社会課題解決」**なので、事業戦略の輪とCSRの輪が重なったところに位置します。

この全体フレームは、社会的責任の国際規格ISO26000における、グローバル標準のCSRの定義とも整合します。それによれば、「組織の意思決定と事業活動が、社会や環境に及ぼす〝影響〟に対する責任」とされています。企業がこの世に存在し事業を営めば、地球や社会に必ず影響を及ぼします。その**〝影響〟**には、ネガティブとポジティブ、負の影響と正の影響があります。前者は防ぎ、もしくは緩和する。後者は、現代社会にアジャストすることで、より成果が現れるということです。

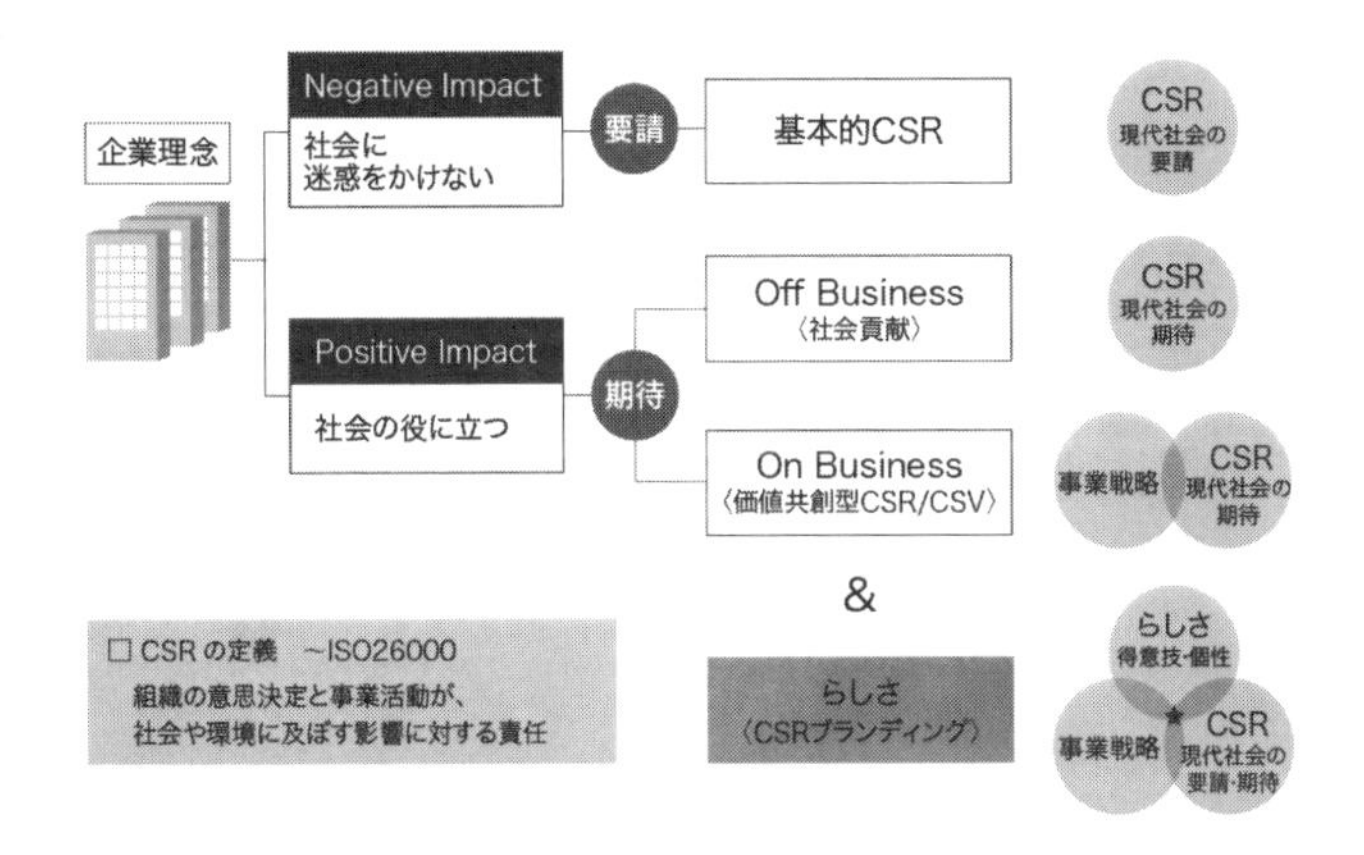

図12「CSRブランディング」の全体構造

4-6 「STARS」戦略フレーム――CSRブランディング2.0

CSRブランディングとは、ビジネスと社会課題解決を両立させ、〝らしさ（得意技・個性）〟で競争優位を創り出す戦略メソッドです。「事業活動×CSR（現代社会の要請と期待へ対応）×自社らしさ」の3要素を掛け合わせたフレームワーク（3つの輪の図）です。

このCSRに、社会の共通目標としての「SDGs」を組み込むと、次の図のようになります。これを筆者は「STARS（スターズ）」戦略と命名しました。STARSとは、「Sustainable Triple Advantage through Response to SDGs」の頭文字です。「CSRブランディング2.0」という位置づけとなります。SDGsへの対応を通じて、サステナビリティ時代の3つの構成要素（事業活動×現代社会の要請・期待×企業ブランド）で創り出す競争優位というコンセプトです。すなわち、「現代社会の要請や期待

（SDGs）」に事業戦略として自社らしく応え、企業競争力につなげる戦略メソッドという意味です。★のポジションが、STARSのスイートスポットです。（図13）

次章では、本フレーム図の3つの輪のキーファクターである「企業ブランド（自社らしさ）」について、わかりやすく解説します。

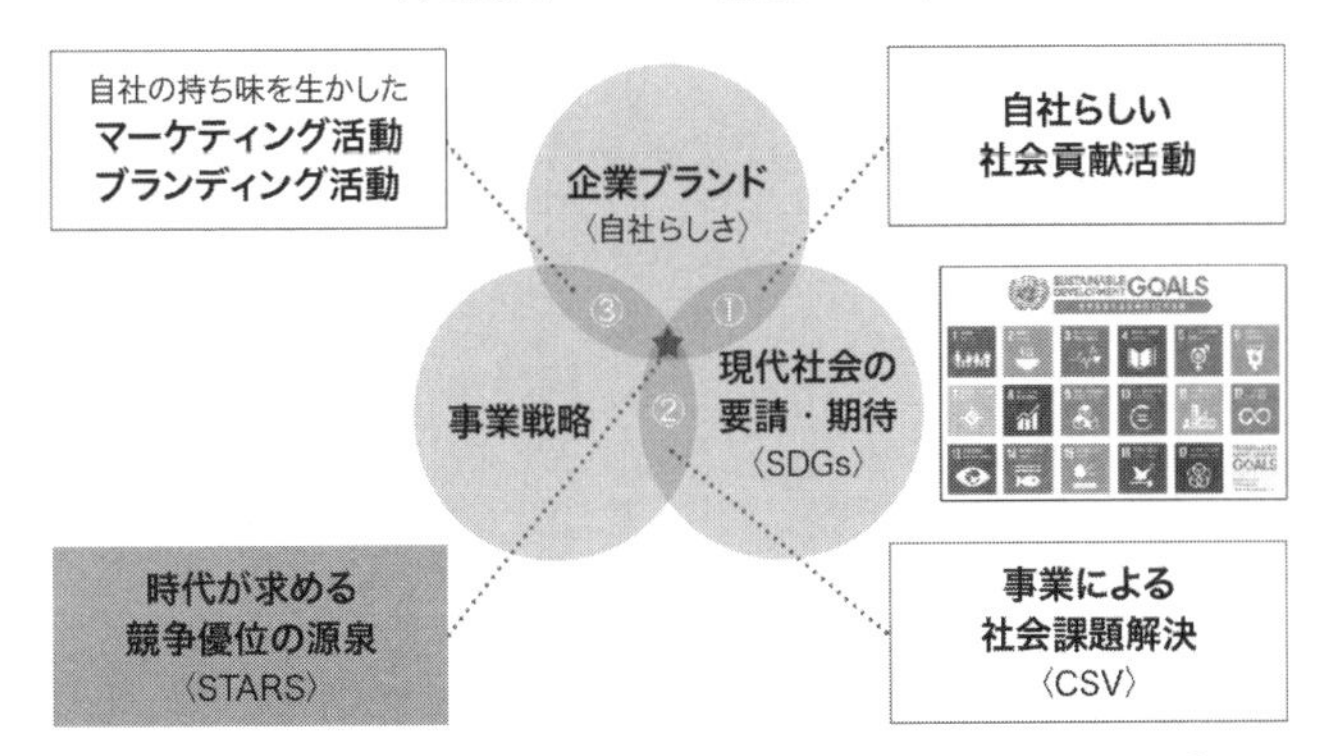

図13「STARS」戦略フレーム

第 5 章
企業ブランディング入門

ブランドは、規模の大小・業種業態に関わらず、企業の生き残り戦略の最後の切り札として語られるようになっています。企業ブランドが高まれば、顧客だけでなく、従業員、取引先、投資家、地域社会といったステークホルダーの信頼と支持を獲得できます。本章では、「CSRブランディング」メソッドの核となる「企業ブランディング」について、初心者の方にもわかりやすく解説します。

5-1

もっと早く知りたかった！「ブランドの世界」

「ブランド」ってなんですか？　こんなシンプルな質問をよく受けます。経営者や実務家の多くは、ブランドについて何かふわっとして腑に落ちないもの感じているようです。本章では、「ブランド」の深淵なる魅惑の世界の扉を開けてみましょう。現代のブランド論は、企業だけでなく大学や病院などの法人にもうまく応用できます。

「ブランド」といえば？

私の定番講座「CSRブランディング研修」では、前半を「先進のCSR」、後半を「ブランド入門」といった構成でレクチャーをしています。事前アンケートでは、研修への参加動機とともに、「CSR」と「ブランド」についてのご自身の習熟度を申告していただいています。10段階評価ですが、CSR担当の方は、「ブランド」については2~3点。ブランドやマーケティング担当の方は、「CSR」が2~3点といった傾向にあります。これまで両方とも8点以上つけられた方はいらっしゃいません。謙遜でしょうが、有力企業のマネージャークラスでも、ブランドについては1点という方もしばしばおられます。それほどに、ブランドの世界はふわふわとしてつかみどころがないようです。

ブランド講座の冒頭で、「ブランドといえば?」と受講者に質問すると、もっぱらルイ・ヴィトンやエルメスなどの欧州の高級ブランドが想起されるようです。こうした捉え方をしてしまうと、「うちはBtoB企業(Business to Business:法人を対象とする商取引を主とする企業)だから」とか「うちは中小企業だから」といった、ブランドについては直接関係ないという縁遠いスタンスになってしまいます。

「ブランド」というと、これまで、ラグジュアリーブランドと呼ばれるヨーロッパなどの高級品、商品そのもの、商品品質、ロゴマークや商標、広告・キャンペーンで作られるもの、特定の顧客だけをターゲットとする、などと捉えられる傾向が強くありました。いわば、プロダクトブランド(商品ブランド)を中心に、顧客を対象としたマーケティングや広告といった限られた分野において、マーケターの手に委ねられていた時代といえます。

それが21世紀に入り、経営層において企業価値やコーポレートブランドへの関心が高まり、企業経営の根幹的な問題として議論されるようになってきました。商品だけでなく、「**企業**」**も**ブランドとなります。そして、「**大学**」**も**「**病院**」もブランドになります。マーケティング分野だけでなく、経営戦略としても「ブランド」が論じられるようになりました。**コーポレートブランド**（**企業ブランド**）は、「**見えざる資産**」として、顧客だけでなく、あらゆる**ステークホルダー**との関係において付加価値を創造し、同時に独自の価値を生み出す機能を有します。

ブランディングのPrincipia（プリンキピア）

Principia（プリンキピア）とは、ラテン語で「（普遍的な）原理原則」という意味です。英語では、Principle（プリンシプル）です。イギリスの物理学者アイザック・ニュートンの1687年の著作で近代物理学の基礎となった『自然哲学の数学的諸原理』の書名に由来します。

今日の市場競争において、「正解のコモディティ化」という表現が使われることがあります。論理と理性だけでは他社と同じ結論に至ってしまい、「差別性の消失」に陥るという文脈で使われます。コモディティとは、差別性を失い、価格競争になりやすい状態をいいます。

そこで、「ブランド戦略」が注目されるわけですが、残念ながら表層的なアプローチが散見されるのが実情です。ニュートンの名著の底流に流れるPrincipia（プリンキピア）に則って、問題を形式的・刹那的に解いて終わりではなく、そこに存在している深遠なる本質を洞察していけば、「ブランド」の奥深さが実感できます。とかく、簡単に身につくものは、簡単に剝がれてしまいます。ブランドは、安直には築けないからこそ価値があるのです。

ブランドは、規模の大小・業種業態に関わらず、企業の生き残り戦略の最後の切札として語られるようになっています。技術など何事を習得する場合においても、「原理と方法」が大切です。とかく茫漠としがちなブランドの世界においては、断片的な知識やテクニカルな方法論が先行しがちですが、まずは本質や原理を見極めましょう。これは、大学や病院などあらゆる組織体にも当てはまります。

しみじみ考えてみる、「ブランド」ってなんだ？

ＩＴの急速な進化により情報化社会は目覚ましく進展し、消費者や生活者は、商品・サービスの選択の幅が広がりました。市場は成熟化し、商品・サービスの差別化がますます難しくなってきています。選ぶ方は「商品・サービスはどれも同じ」と思っています。ところが、「どれでもいいや」という選択ばかりではなく、「あるポイントで、何らかの理由により、ある商品・サービスを選び、購入している」ことも厳然たる事実です。その選択基準にこそ、「ブランド」というありがたい存在があります。

私たちが、お気に入りのものを選ぶ際、

・ちょっと高くても問題ない
・待ってでも手に入れたい
・遠くに行っても手に入れたい

というハードルを超えようとするときに、「ブランド」が背中を押してくれます。

まず、目指す商品を購入する際には、「ロゴマーク」を頼りに選びます。ロゴマークをブランドと呼んでしまうことが多いようですが、何故そのマークを選んでいるのでしょうか？　マークが好きだからということもあるかもしれませんが、そのマークを頼りに、自分が期待する何かを「約束」してもらえるからではありませんか？　マークを知らない、マークを見ても世界観など何も伝わらない、期待する**「ブランドとしての約束（プロミス）」**を果たしてもらえそうにないマークは、おそらく「ブランド」とはみなさないのではないでしょうか。

「ブランド」の正体

端的に言えば、**選ばれる特別な理由をもった商品／企業**が「ブランド」なのであり、そのロゴマークや商標はシンボルとなります。強いブランドは、そのシンボルマークを見たとたんに、「ああ、あれか」と認識でき、**ならではの**ベネフィット（ご利益）やある種の風景・世界観を思い浮かべます。ブランドが持つ力が「ブランド力」です。ブランドの概念は、生活者の頭の中にある、〝企業や商品・サービスが提供する体験の価値〟と〝分かりやすい識別記号〟がセットになった記憶といえます。通常、「選ばれる特別な理由」を持ったマークや商標のことを「ブランド」と称しています。

私たちがブランドと認識する「目に見える」マークには、「目に見えないもの（創業の精神、創業者の個性、経営哲学、ビジョン、経営姿勢、歴史・伝統、企業風土、社員のビヘイビア、名声・評判など）」が込められています。その結晶が、「ブランド・アイデンティティ」、すなわち「**らしさ**」です。〈**図14**〉

ブランドの源泉ともいえる「らしさ」を発見・開発し、創り、パワーを最大限に発揮できるようにする一連の活動を「**ブランディング**」といいます。「知ってもらい」「信頼してもらい」「愛着を持ってもらい」、その上で「支持してもらう」「選んでもらう」までを含めて、はじめて現代のブランディングといえます。その肝心要の〝らしさ〟を基軸に、顧客のみならず広くステークホルダーからの支持獲得を図る戦略が「ブランド戦略」です。

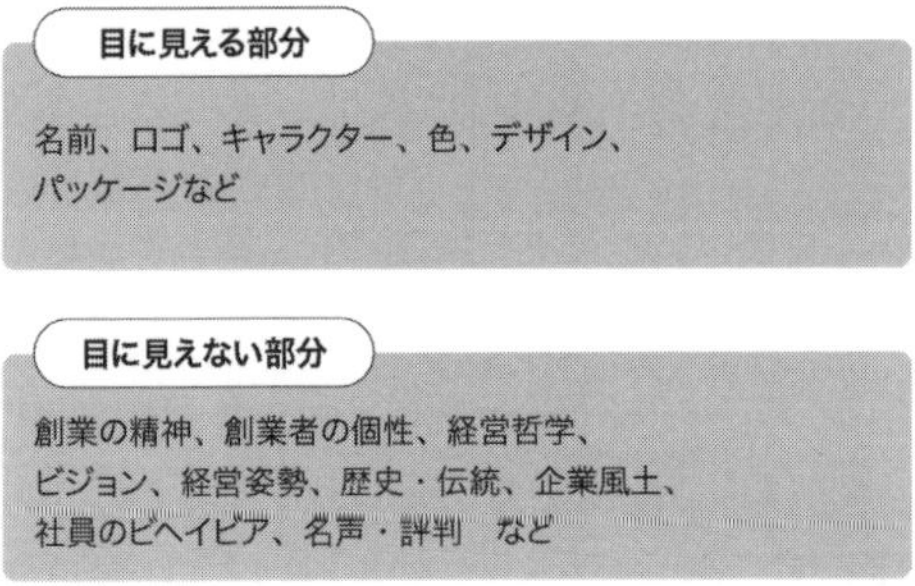

目に見える部分

名前、ロゴ、キャラクター、色、デザイン、パッケージなど

目に見えない部分

創業の精神、創業者の個性、経営哲学、ビジョン、経営姿勢、歴史・伝統、企業風土、社員のビヘイビア、名声・評判　など

図14「ブランド」の正体

5-2 知っておきたい！「ブランド」の昔と今

ブランドイメージを高めたい！　でも、「うちの規模じゃ広告宣伝の費用がないし、BtoBだし……」。と諦めてしまいがちです。「じゃあ、思い切って社名やロゴマークを変えてみよう」という発想になったりします。こうした手探り状態から脱却するために、ここで一度ブランドの変遷をおさえておきましょう。

「ブランド」の生い立ち

「ブランド」という考え方は、80年代後半から盛んになってきましたが、実は70年代以前から、ブランドやブランディングという言葉は使われていました。その頃は、岩戸景気、オリンピック景気、いざなぎ景気と好景気が続き、消費ブームが到来し、家電や自動車などが大きく普及しました。

その一方で、技術の進歩で商品がコモディティ化（差別性を失い、価格競争になりやすい状態）し、企業イメージで差別化する方が有効とする戦略も多用されました。

あくまで、〝イメージアップ〟を主眼とした時代は「かっこいいCF＝かっこいいブランド＝いいブランド」という考え方につながっており、広告キャンペーン主導型ともいえます。いわば、作られた企業イメージが先行した時代でした。自動車や化粧品メーカーなどでは、いいCFを創るために、海外ロケに出かけ、有名カメラマンを起用し、人気の外国人タレントをキャスティング…というのが定番のようになっていました。当時は、「ブランド」というよりは、「ブランドイメージ」という言い方がよくされていました。

したがって今でも、しばしば「ブランド戦略＝広告宣伝戦略」のように語られることがあります。ブランド戦略は、単なるイメージ戦略やマーケティング戦略、あるいはコミュニケーション戦略ではなく、ましてや広告戦略ではありません。本来の広告宣伝の目的は、企業や商品の特性を訴求し認知してもらうことです。広告宣伝は、ブランド力を高める手段のひとつにすぎません。広告宣伝をしなくてもブランド力のある企業や商品・サービスはたくさんあるのですが、このなごりで、まだまだブランドというと表面的な「ブランドイメージ」として捉えてしまう傾向があるようです。ところが、次第にその「イメージ」と「実体」にギャップが発生し、消費者・生活者は、「イメージ」だけを商品選択の基準に置かなくなっていきます。

70年代、石油危機により高度経済成長は終焉を告げ、欠陥商品や贈収賄などの企業の不当行為が露呈し、大企業に対する信認が大きく揺らぎました。そして「**企業の社会的責任**」という概念が意識され始めます。70年代の企業は、不況や逆境を経験したことにより、**表面的な企業イメージづくりの取り組みを、本来の経営戦略に近づける**機会を得たといえます。過去の営利本位の考え方から、時代が求める「社会の中における企業の役割」という視点を持つようになりました。

そこで、もう少しブランドの中身、実体をしっかりさせて、ブランドの価値を総合的に上げていこう、という考え方が芽生えてきます。しかしこの頃、飛躍的な技術革新により、商品・サービスの差別化が困難。力点は、売れる仕組みをサポートする、広告・マーケティング視点でのコミュニケーションが主体でした。

80年代に入ると、CI（Corporate Identity）が企業の経営戦略として社会現象といえるまでに注目されました。この時期、日本企業は急速な円高の進展・定着などの経済環境の変化に対応すべく、業種の枠を超えた多角経営化が進展しつつあり、業態に合わなくなった社名を変更する企業が相次いでいたのです。ところが、多くの企業が他社との差別化のためビジュアル面にばかり注目し、**企業の見た目**をリフレッシュして統一感を持たせることが主目的になってしまいました。これが残念ながら、CIは「お金がかかる」「表層的」といった印象を持たれ、ブームとして語られることが多い一因です。

これに対して、ブランディングは、まずは企業の内側すなわち**実体**に着目し、強みや持ち味、課題を見出し、そこから外へ向かっていく体質改善そのものまでを包含した一連の活動です。

ステークホルダーの信頼を得る、総合的企業活動で語る

このような歴史を経て今、ブランド戦略は、「**企業の実体**」を基軸に、顧客のみならず広く**ステークホルダーからの支持獲得を図る戦略**として捉えられています。

したがって、イメージ主導（見た目）だけのコミュニケーションから、実体発のコ

ミュニケーションへの移行が必須となりました。実体の開示の重要性が高まり、企業の想いや活動自体を社会に示す必要性が重視されてきています。マスメディアによる企業からの一方通行ではなく、ステークホルダーと企業とのインタラクティブな関係が基本となりました。CSR発想のコミュニケーションへの意識改革が求められています。〈図15〉

ブランディングは、実体から導き出されたブランド・アイデンティティ（らしさ）を目に見えるシンボルマークに託して、その約束（ブランド・プロミス）を一貫して守れるようマネジメントしていくことで生成・強化されていきます。ブランド戦略は、Credibility（企業の実体）とVisibility（目に見えること）の合わせ技です。

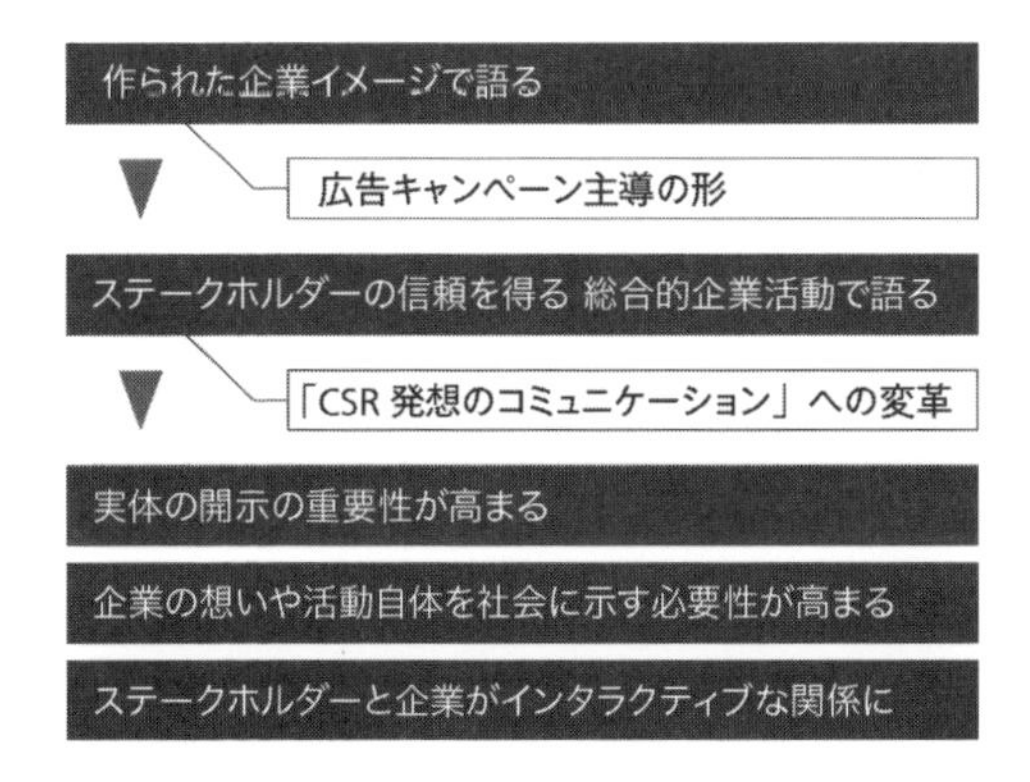

図15 企業ブランドは総合的企業活動で語る

5-3 「実体」あってこそのブランディング

現在ではSNSの普及もあり、「セルフ・ブランディング」がブームとなっています。一般的に、自分自身を客観的にとらえ、自ら戦略的に広報宣伝するという意味合いで使われているようですが、企業ブランディングに際しても、往々にして同じような考え方が見受けられます。

ブランド戦略は、「実体」を基軸に、広く世の中（ステークホルダー）からの支持獲得を図る戦略です。そのためには、ステークホルダーに対して、アイデンティティがはっきりしていなければなりません。根幹となるのは、「自分は何者」であって、何を「約束」できるかです。実体から発露する**得意技と個性**こそがブランド・アイデンティティ、すなわち「らしさ」です。この探求こそが**ブランディングのスタートライン**であり、ブランドを送り出す側と受け取る側の共通言語となります。

Credibility&Visibility に立脚したオペレーション

本書の主題の「CSRブランディング」は、顧客や社会から「信頼と愛着」を獲得し、持続的成長・中長期の企業価値向上を目指す戦略メソッドです。そのためには、**実体**（Credibility）の信頼感をCSRで担保し、**見え方**（Visibility）で、自社らしい魅力を醸し出す。Credibility&Visibility の両輪に立脚したマネジメントが必須となります。〈図16〉

「ブランド・アイデンティティ（らしさ）」の構成要素

ブランド・アイデンティティ（らしさ）とは、企業が望むブランドのあるべき姿であ

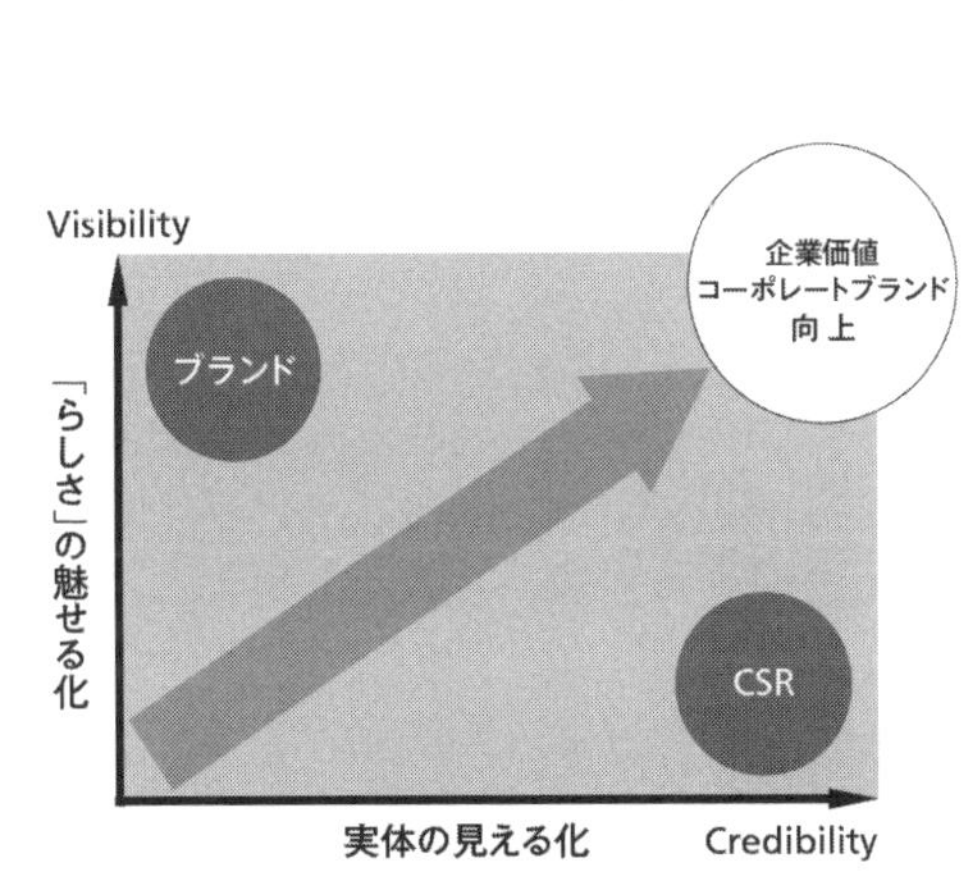

図16 合わせ技で企業価値向上

り、顧客をはじめとするステークホルダーに、そのように連想してほしいと思う姿を表明したものです。ブランドが目指す姿を示し、一貫した価値提案と差別化をもたらし、中長期的な**見えない資産**をストックする土台となります。

ブランド・アイデンティティの主な構成要素としては、

ブランドの根源的な拠り所となる「フィロソフィー（哲学）」

そのブランドが顧客や社会に提供していく「ベネフィット（恩恵）」

そのベネフィットを提供できる根拠や裏付けとなる「提供能力（持ち味、お家芸）」

「パーソナリティ（個性・社柄）」

となります。

これを「個人のブランディング」の観点から整理するとすれば、以下の10項目が挙げられます。

自問自答してみてください。

❶あなたの使命（ミッション：役割）は何ですか
❷使命を実現していくにあたっての志・理想は
❸ミッションにまつわるエピソードは（出会った人、素晴らしい出来事）
❹あなたの強みは何ですか
❺あなたの得意技と個性は何ですか
❻あなたが持っている技術（コア・コンピタンス）は何ですか
❼あなたの「売り」は何ですか
❽あなたのファン（支持をしてくれる人）は誰ですか
❾あなたが役に立ちたい人は誰ですか
❿人（社会）の役に立てることは何ですか？

企業も個人も、世の中に対して、ブランドの存在意義やあるべき姿をフィロソフィーとして提示し、その価値観が実現できる製品・サービスを、バックボーンとともに個性的に打ち出していくものです。ブランド・アイデンティティとは、ブランドの基本コンセプト、すなわち、企業が顧客をはじめとするステークホルダーの頭や心の中に何を築きたいのか、どんな約束をしたいのか、ということです。企業が、ブランドに象徴させたいもの、ステークホルダーに対するブランドの約束が「**ブランド・アイデンティティ**」です。

「（ならではの）実体」があってこそ、外部への体現ができ、発信に説得力や共感をもたらします。「ブランド戦略」というと、ロゴやデザイン、コミュニケーション活動を第一に想起される人も多いですが、その仕事の半分くらいは、粛々と「ミッション」「ビジョン」や「ブランド・アイデンティティ（らしさ）」をつくる（かためる）ことであり、そして、それを社内に浸透させること（インターナルブランディング）といっても過言ではありません。この「インターナルブランディング」については、第6章で詳述します。

5-4 ある牧場主に学ぶ「ブランディング超入門」

ではここで、架空の牧場主・星さんのひたむきな取り組みを例に、物語調にブランディングの真髄を解説します。

牧場主・星さんの「ブランド・☆（スター）」ができるまで

「ブランド（brand）」は、諸説ありますが、他の牛から自分の牛を区別するために、牛のわき腹にジューと押した独自の「焼き印（burned）」が語源といわれています。牛の所有者は、その焼き印によって「うちの牛ですよ」と主張できますし、周りはその「焼き印」を見て、「どこそこの牛だ」と識別します。

では、ある牧場主・星さんに登場いただきます。星さんは、子供の頃から、牧場主になるのが夢でした。広々とした土地に、お気に入りの工夫をこらした牛舎を構え、**自分ならではの**育て方や製法で、格別の牛肉を提供し、**想いを込めて**世の中に喜んでもらおうと努力を重ねてきました。

そこで、出荷する際、自分が誇りと責任を持って提供できる牛肉には、自分の姓である「星」に因んで「☆（スター）」をモチーフにしたマークをつけ、自分の「想いやこだわり」をメッセージとして包み紙に記載することにしました。もちろん、マークは商標登録をしました。

ある日、スーパーでたまたま「☆」のマークの牛肉を購入したお客様が、「なんて美味しいんだろう！」と感動し大満足します。包み紙のメッセージを読んで、そのストーリーに「なるほど！」と思い、「☆」マークを記憶し、次も買ってみます。期待どおりの商品だったので、友人・知人に紹介したり、SNSでつぶやいたりしました。すると、「☆」マークの牛肉が多くの人々やマスコミでも評判となり、たくさんのロイヤル・カスタマーが獲得できました。この段階で「☆」のマークは、単なる記号ではなく、「信頼と愛着」のシンボルとなっています。お客様は、「ちょっと高くても、全然問題ない」「遠くに行っても欲しい」「待ってでも手に入れたい」と思うようになります。「ブランド・☆」の誕生です。

記号としてのマークが、「ブランド」に進化していく過程は、下記のとおり、5段階に整理できます。

第1段階：識別機能…「ふむ、ふむ、これは〇〇という会社のものだな」

第2段階：保証機能…「〇〇マークの商品なら安心だよね」

第3段階：パフォーマンス機能…「〇〇の商品なら機能的にも他よりも優れている」

第4段階：意味・象徴機能…「〇〇ブランドは、先進的、人気がある、モノが違う、カッコいい」

第5段階：駆動機能…「このブランドを選択することによって、より自己表現が可能になる。自分の価値が上がる。ライフスタイルそのものだ」

ブランドづくりの恩恵

こうして、星さんは、安定した収益を得ることができ、良い人材も雇用でき、従業員は誇りを持ってイキイキと働き、取引先や金融機関からも好条件で支援を受け、近隣からもさまざまな応援をしてもらえるようになりました。そして、さらに再投資をして、もっともっと良い牛肉を、もっともっと沢山つくることができるようになりました。これが、ブランドづくりの恩恵です。

引き続き、星さんは、真摯な想いとこだわりを持って牛を育て、市場に提供します。この〝想いとこだわり〟こそが「らしさ（ブランド・アイデンティティ）」であり、顧客や社会は、「☆」というシンボルマークを見て、その「らしさ」に期待をしてきます。その**期待に応え続けること**が、ブランド戦略の核心です。ブランドが、「約束」といわれる意味はここにあります。これを、**ブランド・プロミス**といいます。

「ブランディング」とは

「ブランディング」とは、ブランドをつくり上げ、マネジメントをしながら、さらにいっそう強くしていく一連の活動をいいます。ありたい姿（らしさ：ブランド・アイデンティティ）に期待を寄せるステークホルダーとの〝約束〟を一貫して守り続け、「**企業と顧客や社会との長期的なゆるぎない絆**」を構築することを目指します。

「差異性」が決め手となる時代

「ブランド」は、事業戦略において、同じことをしてもパフォーマンスが上がる、同じことをするのにコストがかからなくなる、誠にありがたい経営資源です。高度成長期までを支えてきた「モノ、カネ」などの有形資産に立脚し、規模の経済を追求した産業資本主義といわれた時代から、「モノではなく**価値**を提供」し、「差異性」が決め手となる時代を迎えました。「ブランド」は、**無形資産**（**見えざる資産：intangibles**）として、時代が求める競争優位の源泉です。

「ロゴマーク・☆」の意義

180年前のヨーロッパのラグジュアリー・ブランドも、500年前の日本の羊羹屋さんも、戦後に大発展を遂げた著名なメーカーも、ブランディングに際して、はじめの一歩は「**らしさ**」の探究です。「らしさ」は、現代企業の命運を左右する無形の競争優位の源泉です。そして、そのシンボルとなるのが、「ロゴマーク」です。続いては、さきほどの牧場主・星さんのロゴマーク「☆」がどれほど重要であるかを解説します。

星さんは、真摯な「想い」と「こだわり」を持って、**自分ならでは**の育て方や製法で、格別の牛肉を提供します。自分が誇りと責任を持って提供できる牛肉だけに、ロゴマーク「☆（スター）」をつけ、包み紙や店頭などで、自分の「想いやこだわり」をメッセージとして発信します。この「想い」「こだわり」「ならでは」こそが、「らしさ（ブランド・アイデンティティ）」なのです。「らしさ」は、表層的なイメージだけでなく、「自分（自社）」とはいったい何者なのか」という自己の存在意義に関わる問いかけに対して、その答えとして深層から湧き出る概念です。

ブランド・アイデンティティとは、ブランドの基本コンセプト、すなわち、企業が顧客やステークホルダーの頭や心の中に何を築きたいのか、どんな**約束**をしたいのか、ということです。

その「約束」の目印が、ロゴマークです。お客様やステークホルダーは、「☆」というシンボルマークを見て、その「らしさ（Brand Identity）」に期待をしてきます。「△△って、○○だよねー！」という期待に応え続けられれば、「☆」のマークは、単なる記号ではなく、「信頼と愛着」のシンボルとして機能します。「☆といえば、○○」

「○○といえば、☆」という**ブランドの約束**（**ブランド・プロミス**）が堅持されます。

ヨーロッパのラグジュアリー・ブランドなどが、模倣品や偽物に対して、あれほどナーバスなのは何故でしょう？　自社の売上に響くこともあるのかもしれませんが、何より、自社の命ともいえる「ロゴマーク」を冠せられた粗悪品が出回ることによって、「約束（ブランド・プロミス）」が守れなくなることが痛手になるという見方は重要です。「最近、○○ブランドって、今イチだよねぇ」といった風評が立つのが最も脅威だといっても過言ではありません。

ロゴマークは、「太鼓判」

ブランド意識の高い企業の社員の方は、「うちのブランド部門は、ロゴの扱いに厳しいなあ」と、よくぼやきます。なぜ厳しいのか、そのわけを解説します。

社標・商標などの「ロゴマーク」には、２つの側面があります。「知的財産」として管理する側面と、シンボルマーク、シンボルカラーといった、ブランドの象徴として目に見える形にして、企業のイメージを統一された印象を与える「**ＶＩ**（**Visual**

Identity）**システム**」の運用の側面です。ＶＩとは、企業の象徴となるシンボルマークやロゴタイプ等の視覚（ビジュアル）を統一する活動であり、そうしたブランドを象徴するデザイン要素一式に関する使用規程をＶＩシステムといいます。

社名の表記やロゴマークは、それ自体が「品質保証書」のようなものであり、企業の顔であり、財産です。社員の精神的支柱にもなります。したがって、ロゴを付する限りは、自社ブランドにふさわしいかどうかを厳格に判断し、付けるべきところにはきちんとつける、そうでない時は、毅然とした姿勢でオペレーションすることが大切です。

企業にとって、ロゴマークは、ステークホルダーに示す「**太鼓判**」であり、お客様からは、信頼と愛着の目印となります。お客様にとっては宝であり、社員の誇りの拠り所です。そして、ブランドマネジメント部門は、その番人です。

だからこそ、ＶＩシステムの運用ルールは厳格に定める必要があるのです。これに基づき、ブランドマネジメント部門は、ブランドのコンセプトや約束、シンボルマークなどを効果的、効率的に制御・管理します。シンボルマークは、視覚的にブランドの価値を強く訴えるものであり、会社の信頼性や品質、企業としての品格や個性などのイメージにつながります。そして、付けるべきと判断したら、どのような場面でも一貫した印象を与えるようマネジメントすることが重要です。ブランドの肝は、「**一貫性**（**consistency**）」です。ロゴマークの扱いは、「貼ってはいけないところには、絶対に貼ってはいけない」「貼るべきところには、きちんと繊細に貼る」というのが鉄則です。

ブランドは、企業にとって顧客をはじめとするステークホルダーへの〝**約束**〟であり、ロゴマークは「**信頼と愛着の旗印**」です。期待に応える、ブレのない一貫性ある事業活動を続けた成果がロゴマークに蓄積され、顧客や社会にとっては、そのロゴマークが約束の証であり、象徴となります。

とかく、「うちは、BtoB企業だから」「うちは中小企業だから」、ブランドなんて関係ない、ブランド戦略なんてムリだ、といった声を聞くことがあります。ブランド戦略の真髄は、「顧客をはじめとする社会（ステークホルダー）からの支持を獲得し、中長期かつ安定的に利益を確保し、持続的成長を果たすこと」にあります。あらゆる企業にとって、顧客や社会からの支持が経営基盤であり、競争優位の源泉です。そして、多くの企業が「ロゴマーク」を掲げており、そのもとにビジネスが行われているはずです。規模の大小・業種業態に関わらず、「ロゴマーク」は、大変重要です。ロゴマークの扱われ方を見れば、その企業のブランディングへの思い入れが推し量れます。

5-5

シンボルマークはブランドの命
――菊池寛の短編小説「形」に学ぶ

ブランドの世界では、「易不易」を見極めることが重要です。時代とともにどんどん変えていくもの、そして絶対に変えてはならない軸のようなものという意味です。その軸が「**らしさ**（**ブランド・アイデンティティ**）」です。「らしさ」の象徴となるのが、ロゴに代表される「シンボルマーク」です。シンボルマークのもとに、「らしさ」という**約束**（**プロミス**）を守り続けてこそ、ブランドは輝き続けます。

では、シンボルマークがブランドの命ともいえるわけを、文藝春秋の創設者である菊池寛の短編小説「形」から読み取ってみます。この時代ですし、おそらく作者に「ブランド」という概念はなかったと思われますが、ある意味でこの小説はブランドの本質をついているといえます。

【あらすじ】

戦国時代に中村新兵衛という槍の達人がいて、「槍中村」と呼ばれ、国に聞こえた大豪の士として恐れられていました。彼の武者姿は、戦場において水際立だった華やかさを示していました。火のような猩々緋（しょうじょうひ）の服折を着て、唐冠纓金（とうかんえいきん）の兜をかぶった彼の姿は、敵味方の間に、輝くばかりの鮮やかな印象を与えていた。新兵衛が、その鮮やかな出で立ちで槍をふるう姿は、敵にとってどれほどの脅威がわからないほどでした。こうして、槍中村の猩々緋と唐冠の兜は、戦場の華であり、敵に対する脅威であり、味方にとっては、こよなく信頼の的でした。

そんなある日、初陣の若侍が新兵衛の兜と服折を借りたいと願い出ます。すると、新兵衛は快く応じ貸してしまいます。そして、若侍がこれを着て戦場に出ると、敵は唐冠と猩々緋を見ただけで、「新兵衛だ！」と怖気（おじけ）づき浮き足立って、たやすく討たれていきます。その日に限って、黒皮おどしの鎧（よろい）を着て、南蛮鉄の兜（かぶと）をかぶっていた中村新兵衛は、会心の微笑を含みながら、猩々緋の若侍の華々しい武者ぶりを眺めていました。

その後に本物の新兵衛が、普段と異なる「形」で出陣すると、新兵衛はいつもとは勝手が違っていることに気が付きます。いつもは、虎に向かっている羊のような恐怖心が敵には見えるのに、今日はどの雑兵も勇み立っていました。新兵衛は必死の力を振るいましたが、手軽に兜や猩々緋を貸したことへの後悔が頭の中をかすめました。その時、敵の突き出した槍が彼のわき腹を貫いて、討ち死にしてしまいます。

「形（鎧・兜）」とブランド

ここでいう「形」を、「ブランド」に置き換えてみるとその本質が垣間見えてきます。

中村新兵衛にとっての「形」（ブランド）は、長年にわたり、彼の実力と実績とによって形づくられたものです。それは、本人や味方の精神的な支えにもなり、時として、実力以上の結果をもたらすこともあります。しかしながら、「形」（ブランド）がその「中身」（モノ）と切り離される時、「形」（ブランド）は形骸化して力を失い、「中身」（モノ）もその存在を危うくしてしまいます。

ブランドと実体が一致していないと、中身は**ただの武将**となり、ブランドは**ただの**

鎧と兜となってしまいます。中身の威信は失墜し、ブランドの後光は消え去ります。

ブランドに決してあぐらをかくことなく、弛まぬ研鑽もさることながら、**時代対応力**を備え、さらに腕に磨きをかけていくことが大事です。そして一方では、きらびやかな鎧・兜も、その中身が未熟な若侍であることが発覚すれば、たちまちシンボルマーク（鎧・兜）は神通力を失い、威力も消失してしまいます。ブランド力の要諦は、ブランドの「**約束**（**プロミス**）」**を守る**ことです。約束はコア・バリューで、その旗印がロゴマークです。イメージと実体のバランスが大切です。

5-6 箱根駅伝に学ぶ！企業ブランディングの真髄

正月の風物詩ともいえる箱根駅伝。駅伝は、「継走」とも称されます。選手が母校の「襷（たすき）」を次の走者に引き継いでいくことはもちろんですが、先人たちが築いてきた「伝統」を今の時代へつないでいくことも込められているのではないでしょうか。自らの存在意義である建学（創立）の精神を、今の時代にふさわしく実現する。ここに、「企業ブランディング」の真髄を垣間見ることができます。まさに、「CSRブランディング」メソッドが希求する、「**時代に選ばれ、次代にも輝き続ける**」ための戦略です。

ステークホルダーへの感謝、そして信頼関係へ

好走した選手たちは、一様に「沿道の声援のおかげ」と爽やかに言います。この

〝沿道の声援〟こそが、企業にとっては、社会からの支持という「見えない資産」であり、ビジネスを営む上でのアドバンテージとなります。

企業ブランディングは、消費者視点だけでなく、企業に関わる人たちすべてを広範囲に捉えたステークホルダーと企業とが、共に創り上げていくことに焦点が当てられます。企業は、ステークホルダーとともに、ヒト・モノ・カネ・情報といった経営資源をやりとりして生きていく存在です。そして、それぞれのステークホルダーが、企業との関わりにおいて満足している限り、企業の存続が許されることになります。したがって、ステークホルダーに対して「感謝」の心を持ち、誠実な対応をして、「信頼」を獲得していくことが、今日の企業ブランディングの礎です。

選手たちの母校の名誉を背負った爽やかな活躍は、少子化による大学淘汰が取り沙汰されている中、大学ブランディングに寄与します。

「欅」は、シンボルマーク

駅伝ファンは、欅を見ただけで瞬時にどの大学か識別できるのではないでしょうか。

襷にはさまざまな「色」や「デザイン」があり、それを見ただけでその「大学らしさ」が伝わってきます。

これこそが、企業にとってシンボルとなる「コーポレート・カラー」と「ロゴマーク」です。らしさ（ブランド・アイデンティティ）は、それに期待を寄せるステークホルダーとの「約束」です。そして、その旗印となるのが、「ロゴマーク」です。ロゴマークの「色」や「形」、そのマネジメントは企業ブランディングの基本です。

一人ひとりが、ブランドの体現者

強豪校では、母校ブランドに対する選手一人ひとりの姿勢や思いが際立っているようにも見受けられます。ブランドは、大学も企業も、一人ひとりが組織の代表として、あらゆるステークホルダーとの接点で体現します。「一人ひとりが、自社（自校）ブランド」という「誇りと自覚」をもつことが、第6章で詳述するインターナルブランディングの要諦です。

5-7 サステナビリティ時代の「大学ブランディング」

大学が岐路に立たされています。伝統校といえども例外ではありません。ここにきて大学は、18歳以下の人口が減少期へ突入したことと進学率の頭打ちが重なるため、大学経営が厳しくなることが避けられず、定員割れや廃校・閉校に追い込まれる大学が散見されます。そんな中、有力大学においても差異化による競争力強化は喫緊の課題であり、ブランディングは、大学の生き残り戦略の最後の切り札として語られることも増えてきました。

「大学ブランディング」というと、一般的には、マスメディアによる広告やロゴマークなどを通じた目に見えるコミュニケーション活動による「イメージ戦略」の概念が強いようですが、「Credibility（実体）なくして、Visibility（イメージ・見栄え）なし」です。大学関係者におかれましては、「企業ブランディング」のプリンシプルを、「大学

ブランディング」に応用・翻訳することをおすすめします。〈図17〉

大学のステークホルダーは、受験生や在校生だけでなく、その保護者、そして高等学校、卒業生（OB／OG）、企業、マスメディア、政府・文部科学省・行政機関、教員・職員、地域社会など、多岐にわたります。企業も大学も、ステークホルダーに「よく知ってもらい、信頼してもらって、好きになってもらって、それぞれの立場から支持してもらう」までを含めて、初めて現代のブランディングといえます。

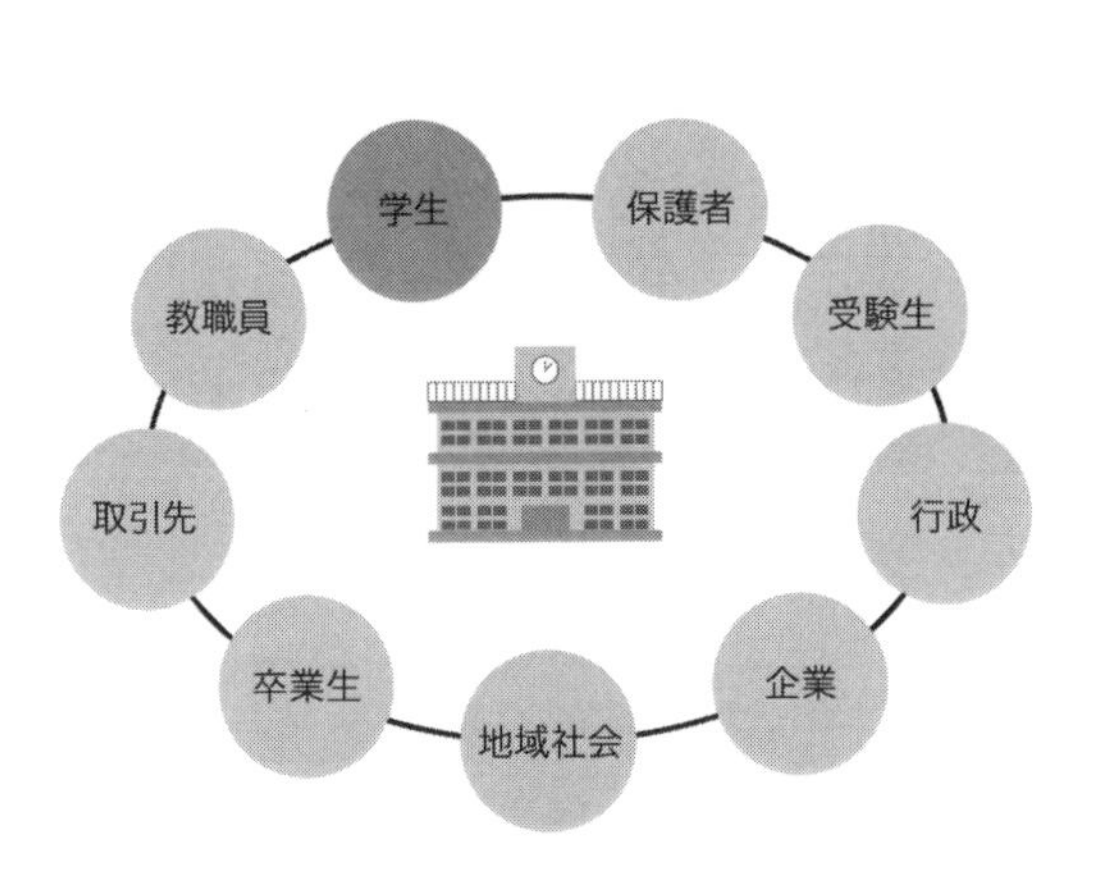

図17 大学のステークホルダー

5-8 サステナビリティ時代の「企業ブランド」の築き方

サステナビリティ時代のブランドへの期待

現代社会の共通の価値観は、「**サステナビリティ**」といえます。**サステナビリティ時代**において、ステークホルダーに約束すべき必須のファクターは何でしょうか。それは、「社会性」です。**社会**に資するミッション・ビジョンのもとに共有された価値提供を軸に、顧客をはじめとするステークホルダーを引き寄せ、信頼と愛着につなげていくことを目指します。ブランディングのゴールは、「ブランド・アイデンティティ(らしさ)」を社会に約束し、あらゆる企業活動において一貫して守り続け、「企業と顧客や社会との長期的なゆるぎない絆」を構築することです。

企業ブランディングに「**社会対応力**」をビルトインした戦略メソッドが、「CSR

ブランディング」です。

マーケットインからアウトサイドインへ

サステナビリティが基軸となってきている現代社会においては、企業ブランドに「社会への対応力」を備えれば、次元を超えたアドバンテージとなります。近年、マーケティングの分野においても、プロダクトアウトからマーケティングインへとシフトし、ここにきて「アウトサイドイン」の基調が注目されています。プロダクトアウト（product out）とは、作り手の視点から商品開発・生産・販売といった活動を行うことで、マーケットイン（market in）は買い手の立場に立って、消費者が必要とするものを提供することを指します。「**アウトサイドイン**」**は、市場**（**マーケット**）**を超えて、**社会的ニーズから目指すべき目標を設定するアプローチです。外部環境を起点として、何をすべきかを考えることです。主に、**社会課題を起点にしたソリューション・ビジネスの創出**という文脈でこの表現が登場します。商品・サービスに「社会性」を組み込むことで、新しい価値の創出、新しい市場の開拓につながります。

「企業ブランド」のエンドースメント効果

このアプローチは、「商品・サービス」の競争力を高めるだけではありません。顧客は、商品がコモディティ化（一定の質に収まった標準化された商品で、「いくらでも代わりがある」という状態）する中で、「社会性」を組み入れた価値に新たなニーズを抱くと同時に、その企業の想いや姿勢を評価します。

すると次の段階では、「商品が同じようなものであれば、この企業のものを買おう」と、個別商品だけでなく、**その企業の商品全般**を支持するようになり得ます。「このブランドだけは特別」と思わせる力であり、企業サイドからみると、戦わずして他社よりも一歩生活者に近づくことができる強力な武器となります。これこそが「企業ブランド力」の真骨頂であり、**エンドースメント効果**といいます。エンドースメントとは、企業ブランド（親ブランド）が商品ブランド（子ブランド）に対する**保証**を与えるという意味です。「同じような商品なら、この会社のだったら間違いない」という判断をしてもらえるということです。

あわせて、企業ブランドが高まれば、顧客だけでなく、取引先、投資家、従業員、地域社会といったステークホルダーの信頼と支持を獲得できます。「あの会社は金儲けではなく、世のため人のために経営されていたのだ」ということが理解されると、いよいよ強力なブランド力を発揮し始めます。時代にふさわしい「社会性」を備えることが、ブランドに磨きをかけます。

顧客を惹きつけ、その他のステークホルダーも共鳴して集まってきます。

ブランドは、顧客や社会にとって価値のあるものすべてで成り立ち、それに寄せられる信頼と愛着のことを「ブランド・ロイヤルティ」といいます。「商品ブランド」には顧客ロイヤルティ、「企業ブランド」にはステークホルダー・ロイヤルティの獲得を目指します。〈図18〉

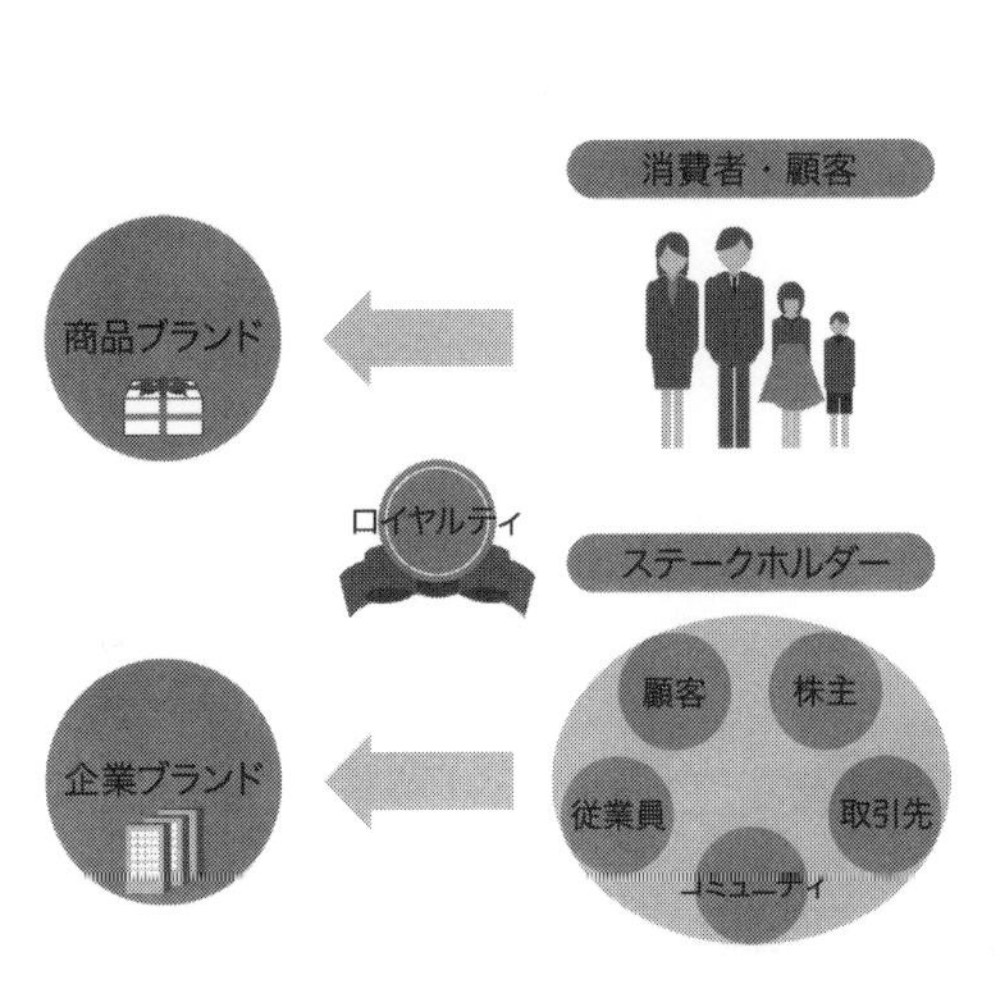

図18 商品ブランドと企業ブランド

企業ブランドとステークホルダー

企業ブランディングは、消費者視点だけでなく、企業に関わる人たちすべてを広範囲に捉えたステークホルダーと企業とが、共に創り上げていくことに焦点が当てられます。さらには、顧客といっても、一般の消費者であると同時に生活者でもあり、従業員は、顧客であったり株主であったり、地域住民でもあります。取引先や地域住民は、消費者・顧客であったり、株主であったりと、それぞれが多面的なステークホルダーでもあるわけです。こうしたステークホルダー像が、企業が責任ある行動をとるべき対象となる「社会」です。そして、社会を構成するステークホルダーに対して「**誠実な対応**」をしていくことが、今日の企業ブランディングの礎となるCSRの本分となります。このようにして、企業にも社会性が求められ、社会からすれば、企業の顔が見えると安心感と信頼感が高まります。

また、地域社会からは良き企業市民としての敬意と親しみを持ってもらえ、地域住民の誇りとなります。企業側にとって地域社会への対応の如何によっては、同じ事業活動をするにも、サッカー試合のように〝アウェー〟と〝ホーム〟くらいの違いが生じます。地域社会がホームのステージとなれば、親近感や一体感が生まれます。そこには、顧客、従業員、就職希望学生、取引先、株主などのステークホルダーもいたりしますので、〝ミラー効果〟も期待できます。すなわち、社会に放った良き光が個々のステークホルダーに反射し、企業ブランドへのロイヤルティにつながります。

これまで商取引においては、顧客とのＷＩＮ-ＷＩＮが理想とされていましたが、これに「社会の視点」を加えて、ＷＩＮ-ＷＩＮ＆ＷＩＮのスタンスでビジネスに臨むことが、サステナビリティ時代における持続的成長の勘所となります。

「ブランドプロミス」を一貫して守り続ける

社会から信頼と愛着を獲得し、経営を**中長期的に**安定させるためにも、「企業（コーポレート）ブランディング」は欠かすことができません。コーポレート・ブランディングとは、顧客をはじめとするステークホルダーが想起するブランドイメージと、企業側が自社のブランドをどう思われたいか（ブランド・アイデンティティ）を一致させるための活動です。

このブランド・アイデンティティこそが、「自社らしさ」です。ブランディングで目指すのは、この「らしさ」を社会（ステークホルダー）に**約束**し、あらゆる企業活動において**一貫して守り続け**、「企業と顧客や社会との長期的なゆるぎない絆」を構築することです。社会からの期待に企業が応え続けることを「ブランドプロミス」といいます。ブランドになるということは、相手との信頼関係を築けたということであり、崩壊するのは、ブランド側がその信頼を裏切ったときです。〈図19〉

〝らしさ〟は、上辺だけのイメージだけでなく、「自分とはいったい何者なのか」という自己の存在意義に関わる問いかけに対して、その答えとして深層から湧き出る概念です。企業は、存在意義が認められてこそ、**顧客をはじめとするステークホルダーとの長期にわたる精神的な結びつきを構築**することができます。そのためには、自社の定義ともいえる「ブランド・アイデンティティ」を定め、「自分は何者」であって、何を「約束」するのかを明確にして、それに寄せられるス

図19「約束」を一貫して守り続ける

テークホルダーからの期待に、〝らしく〟応え続けることがポイントとなります。

骨太のブランディングの3つの基本ステップ

うわべだけでない「骨太のブランディング」を目指すのであれば、次の3つのステップをきちんと踏むことが重要です。

第1ステップ

まずは、「ブランド・アイデンティティ」（自社らしさ）を見つけ出すプロセスです。

・自分たちが「何者」であり、
・「何を考え」、「どんな価値観」を持ち、
・「何を約束」し、
・「どこへ向かおうとしている」のか

を再確認・検証します。「らしさ」は、志があってはじめて醸し出されるものです。

このステップが、ブランディングの起点となります。「**らしさ**」**の探求**こそがブラン

ディングのスタートラインであり、ブランドを送り出す側と受け取る側の共通言語となります。そして「検証」で重要なことは、サステナビリティの概念を中心として、自社の利益だけではなく、「社会性」が盛り込まれているかということです。この視点が、現代のブランディングの肝となります。

私の「CSRブランディング研修」では、オリジナルの「BI（ブランド・アイデンティティ）開発シート」を使用し、〝自社らしさ〟を探究するワークショップを行っています。この手法で、社内の合宿などでブレストや熱いディスカッションができれば望ましいです。〈図20〉

第2ステップ

「自社らしさ」（ブランド・アイデンティティ）の社内浸透・共有です。これを「インターナル・ブランディング（※第6章で解説）」といいます。社員に対して、自社の企業理念や「らしさ（ブランド・アイデンティティ）」を認知・浸透させ、さらには、日々の価値判断や行動に反映させることを目的とします。社員一人ひとりが「自社のブランドが目指すべき価値、日々変化するステークホルダーの要請・期待をしっかりと認識し、その実現は自分自身

創業時のエピソードや創設者の信条や想いの詰まった言葉など　/ ポイントとなる、創業から現在までの変化

ブランドアイデンティティの構成要素：自分（会社）とはいったい何のものなのか （自己の存在意義に関わる問いに対する答え）		
フィロソフィ	● ミッション （ブランドの存在意義／ 社会に対する役割・使命）	
	● 価値観 （日々の判断基準、信条、 美学、プリンシプル）	
	● ビジョン （ミッションを実現する方向性／ 将来あるべき姿についての宣言）	
● 顧客や社会へのベネフィット 「提供価値」「特典・恩恵」 （機能的価値、情緒的価値、自己実現）		
● 提供能力・持ち味 （ブランドの能力： ベネフィットの裏付けや根拠）		
● パーソナリティ （ブランドの個性・人柄）		

図20「ブランド・アイデンティティ」開発シート

の肩にかかっているのだという意識を持って業務に携わってもらうこと」がゴールです。

第3ステップ

「らしさ」とブランドイメージは表裏の関係です。「らしさ」を世の中に発信し、従業員も体現して、認知・共有を図ります。すなわち、「ブランド・コミュニケーション」です。自社のブランドが持つ素晴らしさを世の中に伝えていく活動です。ミッション・ビジョンのもとに共有された価値を軸に、ステークホルダーを引き寄せ、信頼と愛着につなげていくことを目指します。ビジネスは、ある意味で「コミュニケーション活動」です。ステークホルダーとのリレーションシップの中で、その価値が評価され共有できたときに、はじめて「価値」として存在意義を発揮することができます。この前提となるのが、地道な草の根のインターナルブランディングです。〈図21〉

時代に選ばれ、次代にも輝き続けるために

時代は常に移り変わり、それとともに顧客・生活者のニーズや価値観も常に変化し

ます。ブランドの価値観や美意識も、万古不易の部分と時代の変化にしなやかに対応する部分が同居することが肝要です。せっかく築かれたブランドも、常にメンテナンスをし、磨き続けなければ、すぐに輝きを失い、いつしか顧客・生活者にとって魅力的ではなくなってしまいます。**ブランドは、ほっとくと錆びつきますし、老け込みます。**

　ブランドに〝**時代性**〟を備えるところに、「CSRブランディング」の真髄があります。時代性とは、時代の変化をしなやかに捉え、それに応じることです。時代に選ばれるには「企業ブランディング」は必修科目であり、**次代にも輝き続ける**ためには、「CSRブランディング」がおすすめの上級科目です。

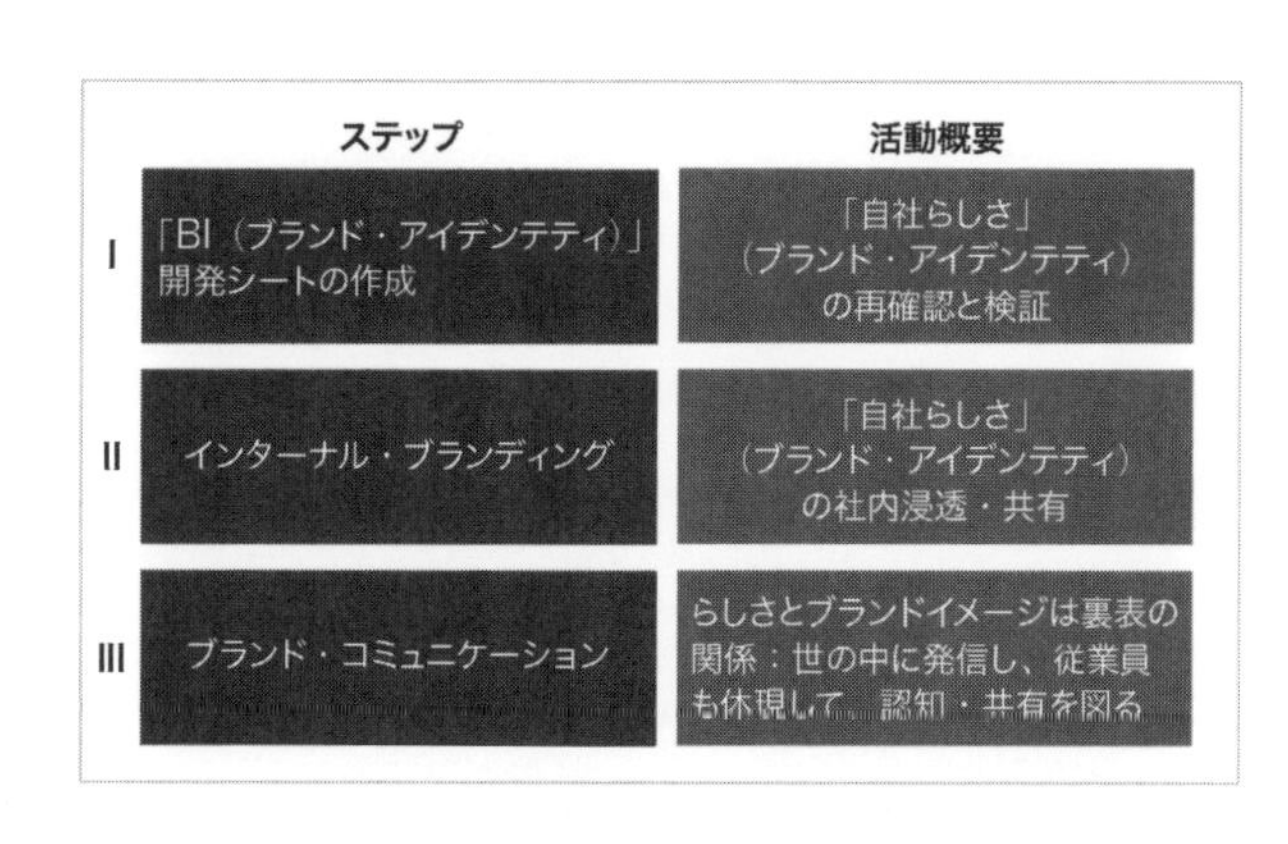

図21 ブランドづくりの3つの基本ステップ

第6章
社員の心に灯をともす!
インターナルブランディング

CSRの担い手・ブランドの体現者は、社員です。本章では、「インターナルブランディング（戦略的な社内浸透術）」について、著者のこれまでの経験を踏まえて解説します。社員に対して、「CSRマインド」や「ブランド意識」を理解・浸透させ、誇りと自覚のもと自発的・主体的な行動に反映させていくことが、CSR・ブランド推進の基盤です。

6-1 インターナルブランディング(Internal Branding)とは

「インターナルブランディング」とは、社員に対して「CSRマインド」や「ブランド意識」を理解・浸透させ、誇りと自覚のもと自発的・主体的な行動に反映させていく「戦略的な社内浸透術」です。ブランディングといえば、通常、顧客など社外(エクスターナル)に対していかにブランドを構築するかに重点が置かれます。しかし近年、意識の高い企業は社内(インターナル)に対するブランディングに取り組みはじめています。企業内のすべての部署の社員が自社ブランドを意識して業務にあたれば、結果として社外に対するブランド価値が向上するという考え方です。

社員は、社会(ステークホルダー)との「**接点**」を担う企業の窓であり、**CSRの担い手・ブランドの体現者**です。その社内スタッフに対して、「ブランド・アイデンティティ(自社らしさ)」や「CSRマインド」を理解してもらい、共感を獲得する。よって、社員が自覚と誇りのもとに、自発的・主体的に「自社ブランドが目指す姿」を日々のビヘイビアに反映させていく活動が「インターナルブランディング」です。この活動は、社員に対する意識変革を促すとともに、全社的な組織風土の強化につながります。

本書の主題であり、私が提唱する「CSRブランディング」においては、まずは社内スタッフに、「ブランド」が大切であるメカニズムを理解してもらい、その上で、ブランドイメージと「CSR」が密接に関係することを認識してもらいます。それが結果的に、社外（エクスターナル）へのブランディングに結びつき、社員の求心力やモチベーションを高めます。

「CSRマインド」は、CSR経営の〝OS〟

社内スタッフのブランド意識を醸成するにあたっては、これまでの事業競争力の側面だけでなく、今日のようなCSRが重視される時代の価値観を織り込むことが必須となります。ステークホルダーが企業を選択する基準となる「ブランド連想」の代表的なものは、製品・サービスなどの卓越性です。昨今は、「安心と安全」「信頼性」「選ぶ人・使う人へのやさしさ」「環境へのやさしさ」「購入後も永く使える面倒見の良さ」なども挙げられるようになりました。

このことは、企業への「期待」の中に、時代の価値観である「**サステナビリティ要素**」が色濃く反映していることを物語ります。これをキャッチアップし、どれだけ事業活動に取り込めるかが、時代が求める付加価値として競争優位の決め手になってきています。さらには、それは製品・サービスや提供プロセスだけでなく、事業領域全般における社員一人ひとりのCSR活動をも包含します。したがって、CSR重視時代における社内のブランド意識のプラットフォームとなるのが、「**CSRマインド**」です。

「CSRマインド」とは、CSR的モノの見方・考え方です。従業員一人ひとりが、企業理念やミッション・ビジョン、自社らしさをしっかりと認識します。その上で、CSRを本質的・体系的に理解し、誇りと自覚をもって、その担い手として主体的・自発的に取り組む姿勢であり、これが組織風土の要となります。

法律を学ぶ際に、「リーガルマインド」を養うことは大変意義深いことです。これにより、数多ある法律や条文に翻弄されることなく、物事の正義や公平の感覚を身につけ、その法律が実現しようとしている価値に基づいて妥当な結論を導くことができるようになります。

ともすると、CSRを個々のテーマ毎に無味乾燥に機械的に取り組んでしまい、やらされ感や横並び感が生じることがあります。しかし社員一人ひとりが「CSRマインド」を備えることができれば、その背景にある本質的な意味や意義を理解し、自主的・主体的に取り組む原動力となります。

CSR経営において、環境や人権、情報セキュリティ、社会貢献などの各分野での個別テーマを、パソコンの「アプリケーション」としますと、「CSRマインド」は、〝OS（Operating System）〟にあたります。具体的には、コンプライアンスや情報セキュリティなどにおいて、ルールを遵守するだけではなく、「何か変だな」とか、「これで大丈夫だろうか」「これは、やめておいた方がいい」といった意識や、社会貢献分野では、「こうしたら、どうだろう」「これは、やった方がいいよね」といった自主性・主体性を醸成します。〈図22〉

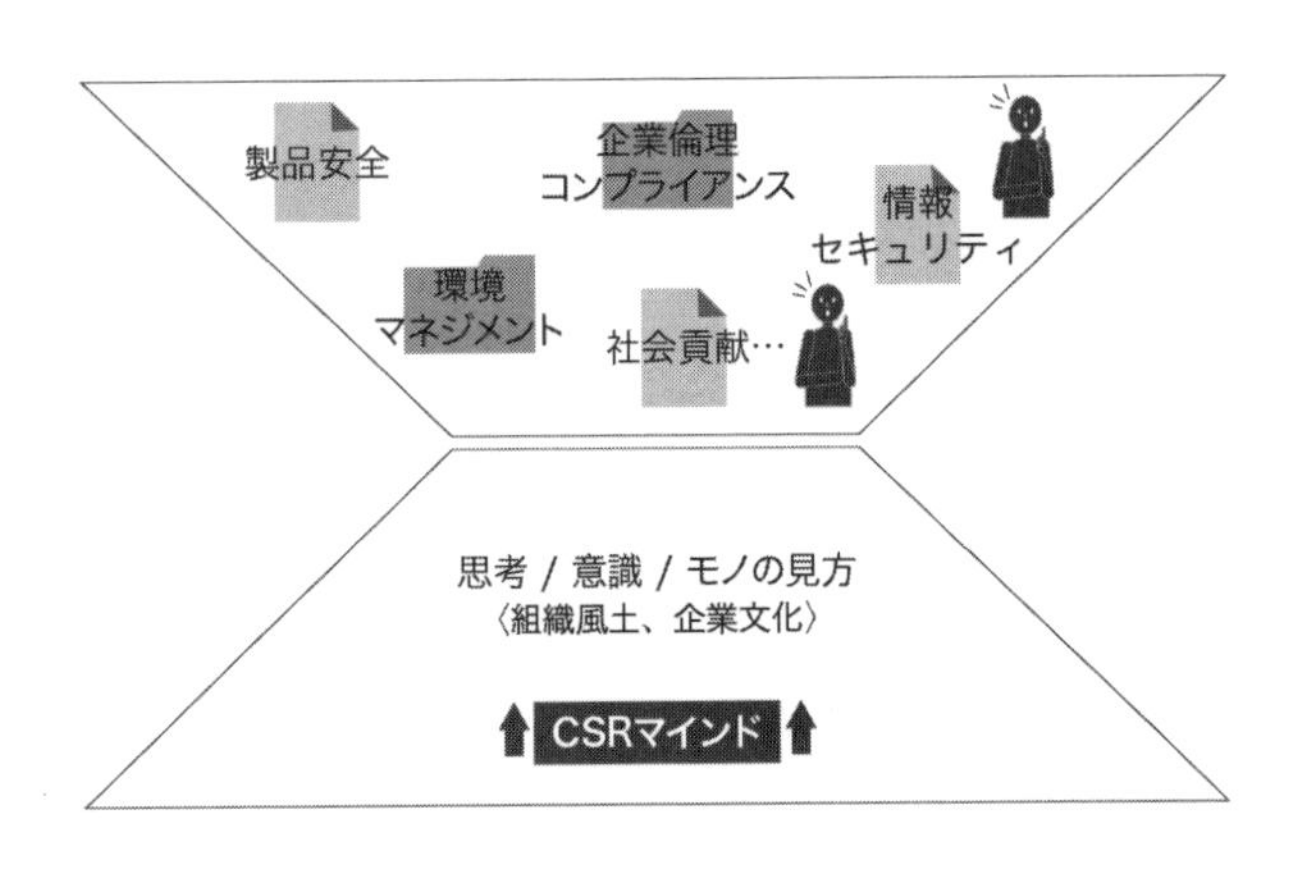

図22「CSRマインド」がプラットフォーム

社員の心に灯をともしましょう！

企業価値やコーポレートブランド向上には、着眼大局・着手小局、つまり、しっかりとしたグランドデザインのもと、地道で本気の取り組みが必要です。そのためには、中期経営計画などにおけるトップの意志入れが不可欠です。そのもとに、インターナルブランディングを粛々と展開します。

「CSR」に関する**知識・意識**が社員の価値判断に組込まれることにより、**時代にふさわしいブランド意識**の質が高まります。

「ブランド」が企業にとって大切であるというメカニズムを理解してもらい、その上で、ブランドイメージとCSRが密接に関係することへの気づきを促します。

すると「CSRマインド」が備わったブランド意識が全社の組織風土にインストールされます。

それにより、社員のロイヤルティ（帰属意識、精神的つながり）やモチベーションに働きかけます。

CSR発想のインターナルブランディングで、社員の心に灯をともしましょう！

社員はCSRやブランドの担い手でもあり、ステークホルダーでもあります。今や「インナー広報」は、CSRやブランド推進の最重要案件となっています。

6-2 戦略的社内浸透術！インターナルブランディング

医学界では、基礎研究と臨床があり、コラボレーションが重要だといわれます。著者も「CSRブランディング」というセオリーを研究し教壇に立ちながら、自らも実践しているという立場にありますので、とても共感をおぼえます。長年の実体験をもとに、CSR・ブランド推進の「臨床」の立場から、**社内浸透**でお困りの方に、処方箋とエールを送ります。

「一人ひとりが、自社ブランド」〜**インターナルブランディングの合言葉**

「社内浸透」というと、「上から目線」で「落とし込む」「根付かせる」「一方的に伝播する」といった語感がありませんか？　CSRの原動力は、社員の自主性・主体性です。そのためには「共感」を得ながら、やる気に点火することが第一です。

ＣＳＲ発想のインターナルブランディングで目指すのは、時代にふさわしい企業の考え方や価値観、あるべき姿や目指す方向、そして自社らしさを伝え、**共有すること**です。単に、社員がつける社章や企業のロゴマーク・シンボルを統一し、徹底して使うようにするといった表面的な活動にとどまるものではありません。コーポレートブランドの訴求を通じて、従業員と企業の想いを共有し、個々の従業員の意識・活動を同じ方向に向けていくことが重要です。あらゆるステークホルダーとの**接点**（**タッチポイント**）で企業の評判とブランドは創られることを肝に銘じ、全社員で、「社会」を意識しながら、価値を提供することが大事で

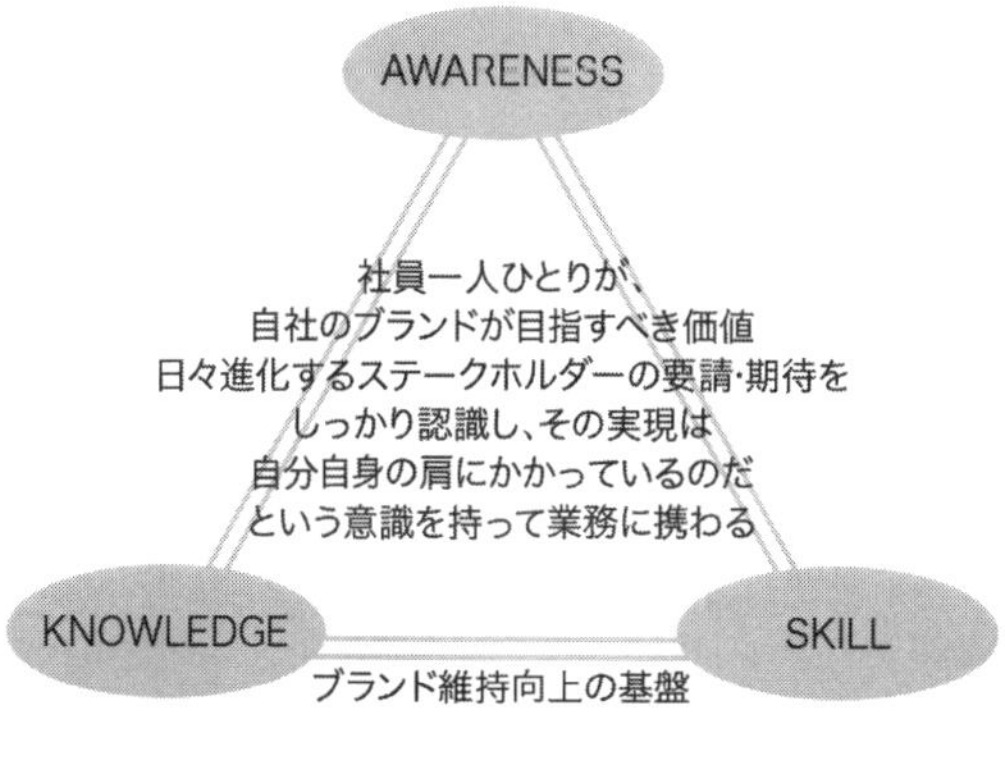

図23「インターナルブランディング」のポイント

す。

そのゴールイメージは、「社員一人ひとりが、自社のブランドのあるべき姿、日々変化するステークホルダーの要請や期待をしっかりと認識し、〝一人ひとりが自社ブランド〟として、ブランドを体現していくという意識を持って業務に携わること」です。〈図23〉

インターナルブランディングの「伝道師（エバンジェリスト）」に捧ぐ！

著者自身、CSRやブランドの「伝道師（エバンジェリスト）」と呼ばれたりしています。何百回にも及ぶ社内啓発活動を通じて体得したことは、個々の社員の行動のベースにある意識やモチベーションに好影響をもたらすということです。お仕着せの教育ではなく、企業風土・文化の根っこから「誇り」に訴え、自発的に行動に結びつけてもらうことが肝要です。

インターナルブランディングの推進者は、自社のブランド・アイデンティティ（らしさ）である強みや価値、魅力をあらゆる組織にわかりやすく説明できなくてはなりません。ブランドの「伝道師（エバンジェリスト）」として目指すのは、企業の理念や行動基準のもとに、ブランドに関する認識・理解を高め、その基本的なメカニズムを全社で共有することです。

あわせて、CSRブランディングでは、CSRの本質を自社にフィットするように「翻訳」して、ブランド意識と融合させ、共感を得ていくことも加わります。社員が腹落ちして共感が得られれば、意義に気づきます。意義に気づけば、自発的に動いてくれます。「あれは、やめておきましょう」「これは、やりましょう」という他律的な働きかけではなく、自社のプライドにかけて「あれはやめておこう」、「これはやっておくべきだ」と一人ひとりが自律的に発想することを目指します。

したがって、社内において、CSRやブランドセミナーの講師を務める人材には、一定レベル以上の「プレゼンテーション・スキル」が求められます。だからといって、話し方などのデリバリースキルだけではなく、シナリオを考案するスキルも欠かせません。たとえば、営業部門には、営業パーソンのCSR知識やブランドロイヤルティが、自部門の活性化と営業活動そのものにも役立つことを実感してもらうことなどです。各々の組織に合わせて、訴求力のある視点を通じて、自社のCSRやブランドを伝えられることも、講師の力量としては不可欠です。

そして、日頃から自身のプレゼンスを高めておくことも、見逃せないバックボーンとなります。そして、次世代型CSRともいえる、ブランド力をレバレッジに企業と社会の相乗発展をめざす「CSRブランディング」の実践段階に入ってくると、伝道師の役割も進化します。伝え啓発するというスタイルから、時代のトレンドを捉えたビジネスモデルを促進するファシリテーターやプロデューサー、そして社内コンサルタントという役割への期待が高まるでしょう。活躍の場は、総合力による価値提供という観点から、グループ企業はもとより、サプライチェーン、バリューチェーンへと輪が広がっていきます。

権力ではなく、「権威」を備える

最後にもう一つ、講師に不可欠なもの…それは「熱意」です。自分に熱がなければ、絶対に相手に熱いものは伝わりません。CSRやブランド部門は、通常トップマネジメントに近いセクションではありますが、元よりCSR部門に「権力」などありません。すなわち、トップダウンができる立場にはありません。ですから、「**権力ではなく権威**」を備え、かつフレンドリーに、インフルエンスパワー（影響力）を発揮することがポイントです。

自部門のミッション（あるべき姿）を明確に持ち、社内に熱く伝える努力が不可欠です。社内に対して、真心込めてCSRの本質や意義を説き、そして理解と共感を得て、自主性・主体性を醸成する努力を惜しんではなりません。それが、インターナルブランディングです。その上で、渾身の力でCSRを担う社員を支えていくことで、まわりから「権威」が認められ、頼りにされる存在となります。CSR部門は、良い意味で「権威」を持ち、社内で一目置かれる存在となることが組織に必須の資質です。

社会の価値観が大きく変化し、CSRや企業ブランドがこれだけ重視されている今日、**持続的な競争優位の源泉をマネジメントしている**という自覚と誇りが大事です。

6-3 「コンプライアンス」に魂を入れる！インターナルブランディング

「**法律**さえ守ればよい」「**法律**に抵触しなければ問題ない」という認識の企業不祥事がまだまだ後を絶たず、記者会見などの場において、こうしたスタンスを構える経営幹部も散見されます。企業に社会の公器としての役割が強く問われる昨今、役員・社員が、「企業理念」や「ミッション」を再認識し、「一人ひとりが自社ブランド」としての自覚と誇りを持って行動することが肝要です。この視点へのアプローチが、インターナルブランディングによる、社員のブランド意識で推進するコンプライアンスとなります。

Gray is Black.

あるオフィスの一コマです。部下からの質問に応える課長がいます。

部下が「課長、これは黒じゃないから、やっていいでしょうか？」と言ったとします。この問いに対して、今日の然るべき課長であれば、「黒じゃないなら、やってもいい」ではなく、「白じゃないなら、やめておけ」と指示を出すことが、まさに明暗を分けます。〈図24〉

近年の企業不祥事は、明白な違法行為そのものが発覚したことに端を発するよりは、時代の社会要請に反した企業姿勢が糾弾される傾向にあります。即「黒」というよりは、「限りなく白に近いグレー」。こうした事象について、「黒じゃないから、大丈夫」と高を括る企業もあれば、「真っ白じゃないから、やめておこう」と即断する企業も。ここに、企業の価値観や組織風土、品格が露呈します。現代では、「**グレーイズブラック**」という認識が企業の身を守ります。

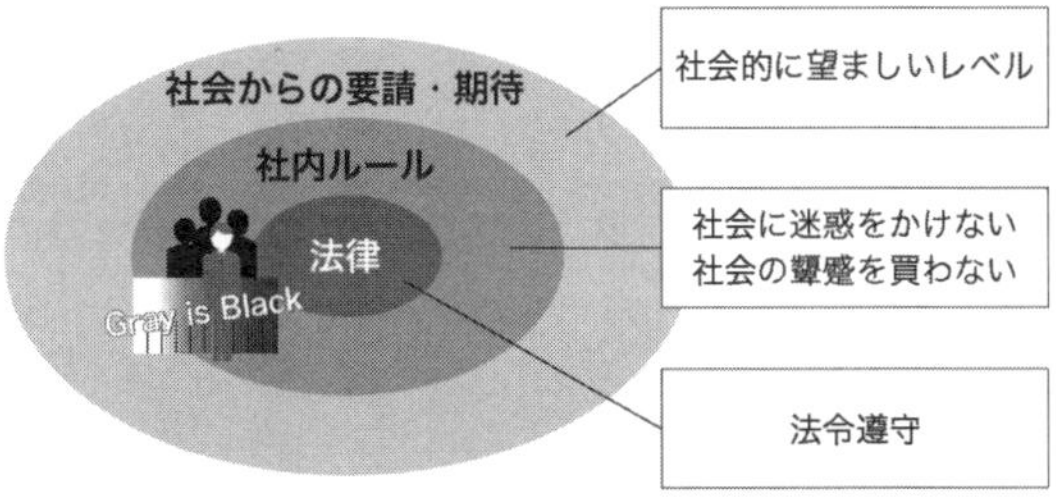

図24 **“しなやかに”社会の要請や期待に応える**

一般的に「コンプライアンス＝法令遵守」と捉えらがちですが、「コンプライアンス≧法令遵守」といった具合に、2つは同心円ではなく、法令遵守はもとより、倫理的に問題がないか、そして社会的に望ましいかというレベルまでを見据えた概念が大切です。「コンプライアンス」を〝従う・応える〟といった語源から発想し、「**社会の要請・期待に対して、企業がしなやかに対応すること**」といった広義の認識でのアプローチが重要です。コンプライアンスとは、「法令や社会のルールを守り、社会正義を堅持し、社会の要請や期待に応え続けていくこと」と捉えていくことが重要です。

特に、社会の価値観は時代とともに変容し、企業への要請や期待は刻々と変化し厳しさを増しています。この社会の空気感を俊敏に読み取って対応することが基本です。若者ことばを引用すれば、企業の「ＫＹ（空気が読めない）」は、不祥事のもと。社会から白い目線を浴びるもとだといえます。企業不祥事は〝企業犯罪〟に限りません。たとえ、司法に裁かれなくても、社会に裁かれます。ＣＳＲによって磨かれる、組織の「社会的感受性（Sensitivity）」は、現代企業必携の資質といえるでしょう。

したがって、ブランド意識に基づく「一段高い判断基準」をもって、法令遵守だけでなく、社会からひんしゅくを買わないこと。さらには、「さすが」と一目置かれる存在となることを目指していくことが一歩進んだコンプライアンスといえます。社員のブランド意識が高まれば、潜在的なブランドリスクを下げることにもつながります。

誇りと自覚で「当たり前のことを、当たり前にやる」組織風土づくり

こうした背景から、「インターナルブランディング」が注目されています。それは、社内に対して、企業哲学・理念に則り、CSR・ブランディングの考え方や自社のブランドを認知・理解、浸透させることにより、あらゆる事業活動や従業員の立ち居振る舞いにまで反映させ、社外におけるブランド価値向上に結び付けていくというものです。

自社コード（価値判断基準）に基づき、「当たり前のことを、当たり前にやる」組織風土づくりを目指す「インターナルブランディング」は、時代に適応する意識改革活動として、経営戦略の観点からも関心が高まっています。社員に、**誇りと自覚**による「**一段高い判断基準**」をもってもらうことが重要です。

近年、頻繁にコンプライアンスやガバナンスが取り沙汰されていますが、「不祥事を起こさない取り組み」を超えて、「**不祥事が起きないような組織風土づくり**」の観点

が必要です。人を24時間見張るような「監視のガバナンス」には限界がありますし、命令で強制的に活動を強いることなどできる時代ではありません。したがって、いかに監視するか、いかにやらせるか、ということよりも、経営層や社員の持つ使命感や倫理観、それに支えられるプライドや情熱に訴えかけ、心の中に自発的な動機付けを埋め込むアプローチがベストだと確信しています。

時々、「うちは、eラーニングをやっているから大丈夫」との声が聞かれますが、次の観点で吟味してみてください。

- 人は、「**意識**」が働かないと行動しない
- 人は、「**知識**」がないと正しい判断ができない
- 知っていても、**意識が脆い**とやってしまう
- 意識があっても、**知らない**とやってしまう

だからこそ、eラーニングは〝知識の補完〟として十分活用はできるものの、あわせてコンプライアンスに魂を入れる「インターナルブランディング」が効果を発揮します。この活動は、CSRマインドや価値観を社員の頭と肌感覚にしみ込ませ、意識変革を促すとともに、全社的な組織風土の強化につながります。

6-4 社会と会社を幸せにする、サーバント・リーダーシップ

「オレについてこい！」とぐいぐい引っ張るリーダーから、支えるリーダーへ。権力ではなく、権威で動いてもらうリーダーへ。従業員もステークホルダーです。企業は関わる人々に対し「サーバント・リーダーシップ」を発揮し、共感と信頼を獲得することで、持続的成長・中長期の企業価値向上につながります。次の時代に向けて、社会と会社を幸せにするための視点として、「**サーバント・リーダーシップ**」という考え方を取り上げます。

「サーバント・リーダーシップ」って、何？

新しい言葉のように聞こえるかもしれませんが、実は以前からある概念です。

1970年に、元AT&T（アメリカ電話電信会社）のロバート・K・グリーンリーフ博士があるべきリーダー像として提唱しました。

「サーバント（servant）」と「リーダー（leader）」は、対極のものとして若干の違和感がある方もいらっしゃるでしょう。「サーバント」という言葉は、「従者」や「召使い」を示し、「リーダー」は、通常「指導者」や「導き手」の意味で使われるので、一見相容れないようにも思えます。グリーンリーフ博士は、サーバントを「**尽くす人**」「**奉仕する人**」として捉え、まわりの人々に、そういう意味でのサーバントとして接することがリーダーの基本姿勢だと主張しました。

最初に尽くしたい（奉仕したい）という自然な感情に始まる。まずはそれを実践し、その後でリーダーとしての役割も果たさなければならない、と考えるのが「サーバント・リーダーシップ」です。従来のリーダー像では、まずは相手の上に立って相手を動かそうとしがちなのと対照的な概念です。この驚くべきパラドックスは、現代における企業と社会（従業員を含むステークホルダー）との関係を考える上でも、新たな気づきが得られる彗眼といえます。

現代社会における、企業のサーバント・リーダーシップ

サーバント・リーダーのことを、そのまま「召使い型リーダー」とすると、ただ尽くしさえすれば、まわりがついてくると捉えられがちですが、「リーダー」という言葉に深い意味合いがあります。それは、夢やミッション・ビジョンの実現です。リーダーは、自分が達成すべきことや夢に対して強い使命感を持ち、それを実現するために、自らの意志でサーバントに徹するのです。実現を望む社会的なミッションを奉仕の名のもとに掲げ、自分についてくる人（フォロワー）たちに尽くす。それが、サーバント・リーダーの姿です。

企業には、存在意義ともいえる「経営理念」があります。企業はそれを実現するために、関わる人々（従業員を含むステークホルダー）とともに事業活動を行なっています。企業が究極的に実現したい目的のために協力してくれる人々に尽くそうと思うのは当たり前のことです。

サーバント・リーダーシップとCSR

サーバント・リーダーシップでは、企業の第一の目的は、利益の追求だけではなく、社会に建設的な影響（ポジティブ・インパクト）をもたらすことでなければならないとされます。

CSRの根幹には、**社会に対して負の影響を抑え、正の影響を醸し出す**ということがあります。その先に、サステナビリティを見据え、変わりゆく社会への対応力を磨きます。企業が、現代も次世代においても「社会を幸せにしたい、社会を豊かにしたい」という理念を掲げるならば、そのために、社会（ステークホルダー）に誇り高く奉仕する。そのことが、社会からの共感を生み、信頼を獲得できれば、企業もまた、持続的成長・中長期の企業価値向上につなげられるといったストーリーが成立します。

奉仕者であり、リーダーであるというのは、共存可能です。奉仕の精神で人々を導き、社会変革を促すことが、社会のメインプレーヤーである企業に求められています。このスタンスは、取引先にも通用します。サプライチェーンにおける企業の影響力が取り沙汰され、「持続可能な調達」という概念が進展しつつある今、サプライヤーとの間で、価値観やCSRの重要性を共有することが喫緊のテーマとなってきています。自社だけではなく、サプライヤーを支え、導く際の発想としても、サーバント・リーダーシップの考え方を活かしましょう。

社会と会社が幸せになれる

企業社会では、リーダーは力強く引っ張る人だと思われがちですが、サーバント・リーダーは、そうではなく、ミッションに向かって自発的に取り組む人を後押しします。それは使命感に基づいてなされる高貴な行動であり、組織の目標を達成させる大きな力となります。

理念に基づき、**会社が社会のために奉仕**すれば、社会が会社に共感し、支持や信頼がもたらされます。そして会社は、理念を実現しようとする社員や取引先を支えることで、これまで以上に**相互信頼**が育まれ、結果として、**社会と会社が幸せ**になれます。このサーバント・リーダーシップという考え方は、現代企業のステークホルダーとの関係のあり方、CSR部門の社内との接し方に、大きな示唆を与えてくれます。

6-5 従来型のリーダーとサーバント・リーダー

組織を率いる人に、時代にふさわしいリーダー像が問われています。そこでも、「サーバント・リーダーシップ」の考え方が大きな威力を発揮します。

企業でも大学でも病院でも、「今どき、そんなことをやってるんだ!?」「今どき、そんなこともやってないんだ!?」と、社会からの厳しい目線が向けられる残念な出来事が散見されます。そこには、**現代社会の価値観や美意識**との齟齬（そご）があります。とかく従来型のリーダーは、まず相手の上に立って相手を動かそうとします。一方、サーバント・リーダーは、**他者に対する思いやりの気持ち・奉仕の行動**が常に最初にきます。

リーダーシップのカギは、「その人を信じられるかどうか」ということでしょう。信頼できる人なら、人はついていく。では、どういう人であれば信頼できるかというと、自分たちのためを思ってくれる人です。リーダーが自分たちに尽くしてくれる、奉仕してくれると感じられたときに、フォロワー（自分についてくる人）として心の底からリーダーを信頼してついていきます。

「尽くすこと」と「リーダーシップ」

「リーダー」が目指すのは、**夢やミッション・ビジョンの実現**です。リーダーは、自分が達成すべきことや夢に対して強い使命感を持ち、それを実現するために、自らの意志でサーバントに徹します。実現を望む社会的なミッションを奉仕の名のもとに掲げ、自分についてくる人（フォロワー）たちに尽くす。それが、サーバント・リーダーの姿です。

サーバント・リーダーは、つねに他者がいちばん必要としているものを提供しようと努めます。他者に奉仕することで、相手がより健全に、賢く、自由に、自律的になり、自己中心的な欲望に執らわれない真の奉仕者として成長していきます。優れたリーダーは、組織のゴールを実現するため、メンバーが行動しやすいようにサーバントとして奉仕する人です。

病院も大学も、サーバント・リーダーシップ

尽くすこととリーダーシップをとることにつながりがあるのは、医師や教職員も同様です。良い医師は、目の前に病気で苦しんでいる人がいたら「自分が持っている医学の力で助けたい」と自然に思い、その後で、「こういうことをしてはいけない」「こういうことをしなさい」と患者をリードするでしょう。

良い教職員も、向学心に燃えている子どもたちには、「自分のすべてをかけて教えてあげたい」と思い、同時に「心ある社会人に育つように」リードしていくはずです。病院は医師のためではなく、患者のためにあります。大学は教職員本位に存在しているわけがなく、研究と学生の教育をするためにあります。多くの私立大学が、伝統的に、大学の法人は理事長、教学は学長がトップというダブルスタンダードの機構となっていますが、「学生本位」「社会本位」を軸とした体制再構築の時代が到来しているのではないでしょうか。

サーバント・リーダーシップで、理念・ミッションを実現する

サーバント・リーダーシップを発揮して会社組織を動かすには、まずは自社の存在意義であるミッション、ビジョンを明確に持ち、それを組織のメンバーたちに伝えることが不可欠です。社内でのミッション・ビジョンの共有が、サーバント・リーダーシップの実践の前提です。理念やミッション・ビジョンはトップダウンのかたちをとりますが、丁寧に**社内で共有**（**インターナルブランディング**）し、実践においては現場の仕事が円滑に運営できるように、サーバントとして社員たちを支える存在であることが望まれます。

企業の目的は、利益の追求だけではなく、「社会を幸せにする」「社会を豊かにする」ことです。この「社会のため」という志は企業の原点であり、それは「創業の精神」です。多くの有力企業では、そこに社会的大義が込められています。その実現のために、時代の価値観をとらえた社会的使命を見出し、自社の「得意技や個性」（らしさ）を発揮して、他社にはできない自社ならではの価値を生み出します。この文脈が、時代が求める競争優位をもたらします。

とりわけ、ミレニアル世代（1980年代から2000年代初頭生まれの世代）の社員においては、仕事を通じて「社会のためになりたい」「自分を高めたい」という志向性が強いといわれています。こうした将来を担う世代にとって、自社の社会的使命や存在意義を共有することがモチベーションにつながります。

社会の役に立ちたいという理念やミッションを、時代にふさわしいかたちで〝自社らしく〟実現する。そこに**サステナビリティ時代の企業ブランディング**の真髄があります。

第7章 ビジネスパーソンのための「ESG」──企業評価の新しいモノサシ

前章までは、現代の企業経営に不可欠な「先進のCSR」や「企業ブランディング」について、体系的に述べてきました。本章では、それが「どのように企業評価につながるのか」の観点から、投資家の目線で「ESG」について解説します。

7-1 目からウロコの「ESG」超入門

「**ESG**（**Environment／Social／Governance**）」が脚光を浴びています。でも、「CSR」と「ESG」ってどこが違うんですか？　企業のIR（Investor Relations：投資家向け広報）担当やIRコンサルの方から、こんな質問をいただくことが増えてきました。このシンプルながらも奥深いモヤモヤ感は、CSRやIR部門のマネージャークラスにもあるようですが、日々経済新聞やビジネスニュースに接しているビジネスパーソンにも、芽生えてきているのではないでしょうか？

「信用・信頼」は企業競争力

まず、第1章で解説した「CSR」の奥義を押さえておきましょう。

現代経営で一番大切なこと……それは、「会社を持続的に成長させ、社会的評価を高めること」だといわれます。また、社会的評価が高まれば、会社が持続的に成長させてもらえます。目まぐるしく変化する社会、すなわち、ステークホルダーに「対応」してこそ、信用・信頼が獲得できます。「対応」とは、英語でresponse。つまり、「CS**R**」のResponsibilityの「R」の本質がここにあります。先進のCSRの要諦は、「社会対応力」であり、現代社会（図の左の矢印）からの要請や期待に応えることにあります。〈図25〉

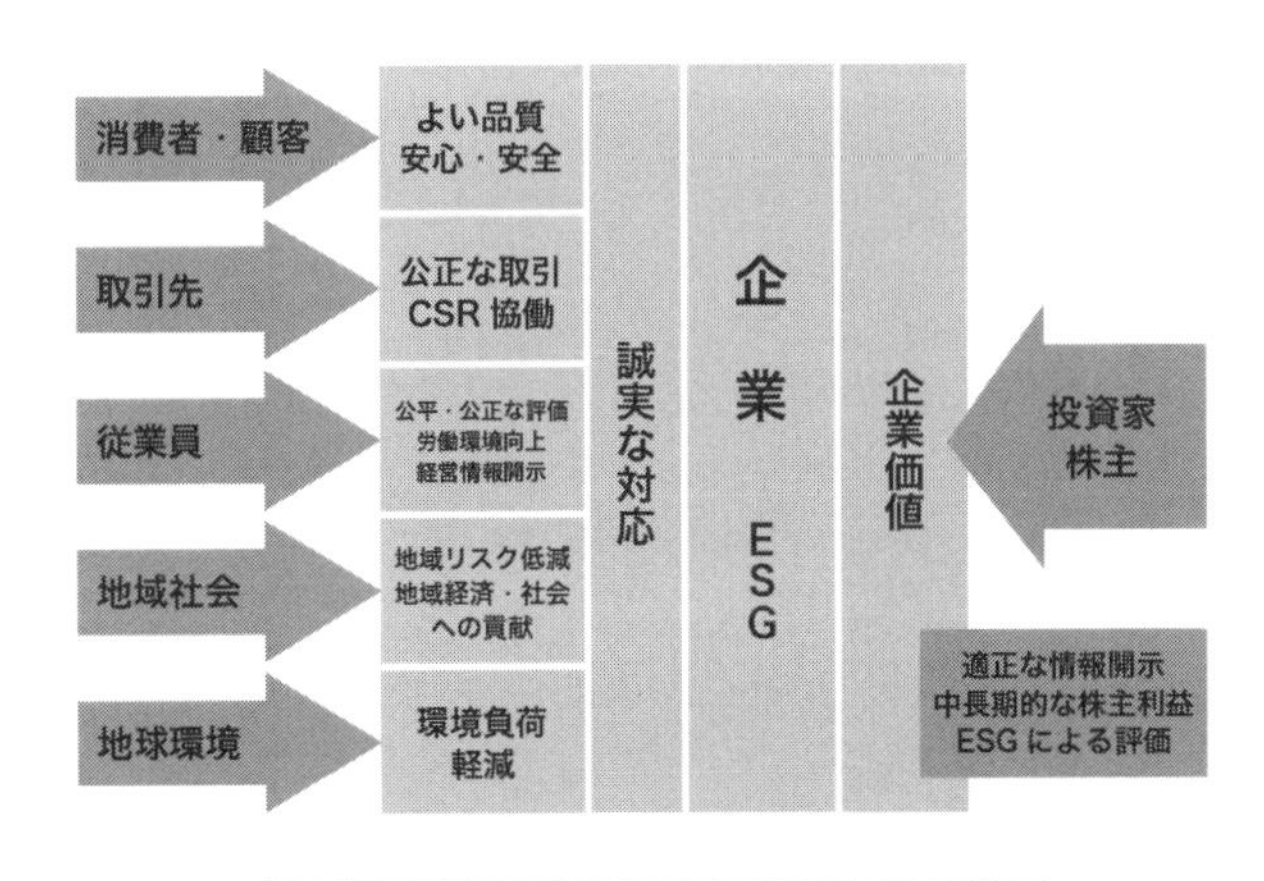

図25 **社会·環境への“対応”をESGで測る**

一方、日本版スチュワードシップコード（機関投資家に対する、投資先企業の中長期的な成長を促すために求められる行動規範）に署名している多くの機関投資家は、短期主義（ショート・ターミズム）から中長期への時間軸のシフトによる投資リターンを志向するスタンスに立ちます。ゆえに、中長期に持続的成長ができる企業を選別します。したがって、「危ない会社」に投資するわけがありません。「危なくない会社」は、ステークホルダーから反発を買っていない会社、さらには、誠実な対応により**信頼されている会社**という見方になります。

　現代の優れた企業は、「CSR」を経営に組込むことにより、ステークホルダーから信用・信頼を獲得し、社会的評価を高め、持続的成長・中長期の企業価値向上を目指します。それを投資家側は、**非財務情報**として「**ESG**（**Environment：環境／Social：社会／Governance：ガバナンス**）」で評価するということです。この文脈では、CSRによってもたらされる非財務情報が、投資家に「ESG」で評価され、時価総額（株価×発行済株式数）という観

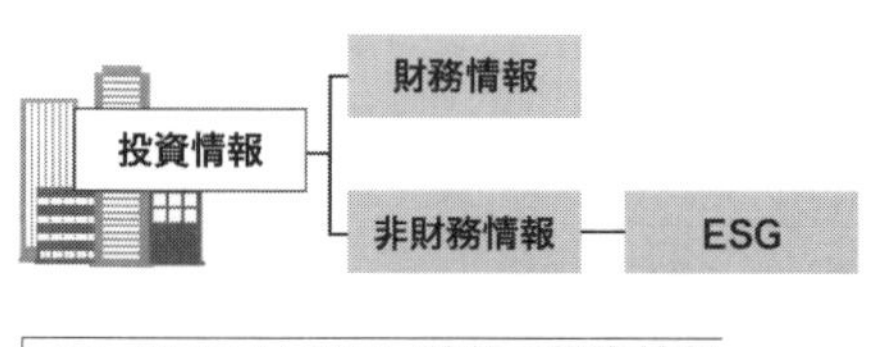

図26 サステナビリティ時代の投資情報

点からの企業価値向上に直結するわけです。そして、リスク・プレミアムの低下を通じて資本コストを引き下げることに結びつきます。〈**図26**〉

現代経営においては、「見えるものより、見えないもの」「短期よりも中長期」「過去より将来」に、より遥かな可能性が見出せます。今日良き財務が出たのは、これまでの「非財務」のおかげ。これからも、良き財務を出し続けたいのであれば、「非財務」を重視しなければならないという認識が重要です。現代経営において、ステークホルダーからの「信用・信頼」を獲得するのは競争力であり、きわめて重要な**無形資産**（**見えざる資産**）なのです。社会（ステークホルダー）との関係性の良し悪しは、中長期的にキャッシュフローを創出させる無形資産として企業価値向上の原動力となります。

投資家に刺さる戦略ストーリーを語る

ですから、これからのＣＳＲ・ＩＲ部門は、投資家に対して、資金を投じることが将来どのようなキャッシュフローへの影響を生むのかについて、**財務・非財務**、**有**

形・無形の資産の観点から、立体的にストーリーを描くことが求められます。そしてそれを企業側の視点ではなく、株主をはじめとするステークホルダーの視点から語る「ストーリーテラー」としての能力を磨くことが重要です。「財務・非財務の統合思考」により編み出された、経済価値と社会価値を同時に実現する珠玉の戦略ストーリーは、必ずや中長期視点の投資家に刺さります。一般に投資家は、ROE（自己資本利益率）が資本コストを上回るタイミングを「投資のチャンス」と捉えるといわれています。ESGは資本コストを下げ、無形資産はROEを上げる効果が期待されています。

2017年7月に、世界最大の年金基金、年金積立金管理運用独立行政法人（GPIF）が、ESG指数に連動した日本株のパッシブ運用を1兆円規模で始めたことが、大きく取り沙汰されました。これにより、「ESG投資」が加速し、企業の持続的成長・中長期の企業価値向上が促されることが期待されています。また、ESGを重視する海外投資家の注目が高まれば、去っていったお金持ちの海外の投資家たちに、「日本企業もちゃんとモノがわかった立場になったので、戻ってきてください」というラブコールとなり、日本株の投資収益が改善する可能性に関心が高まっています。

市場における「シード権」

中長期の業績予想にあたっては、「ＥＳＧ」は株主価値と別個ではありません。むしろ、幅広いステークホルダーへの目配りや社会価値の創造は、収益力や財務的競争力を高め、結果的に持続的に経済価値（株主価値）を高めます。中長期的なスパンで志を高く持ち、時代にふさわしい価値を社会のために持続的に創造する企業は、社会（ステークホルダー）からリスペクトされ、一目置かれます。進化するＣＳＲの本質を見極め、戦略的に取り組めば、市場における「**シード権**」を手中にすることができます。

7-2 経営戦略としてのCSR／CSV／ESG

企業の経営企画・CSR・IR部門の方から、こんな声をよく聞きます。中期経営計画に、「CSR／CSV／ESG」を取り入れたい……。でも、経営戦略とのつながりがピンとこない。自分が腹落ちしていないので、経営層にうまく説明できない。

会社の持続的な成長と中長期的な企業価値の向上のために

右のこのフレーズは、金融庁と東証による「コーポレートガバナンス・コード」のサブタイトルです。この実現のために、東証一部上場企業をはじめ、あらゆる上場企業が時代にふさわしい「新しい経営のあり方」を模索しています。**持続的・中長期**の視点は、まさしく「中期経営計画」策定に必携です。そのプレミアムな切り口が、

「ＣＳＲ／ＣＳＶ／ＥＳＧ」なのです。この三種のアルファベット3文字は、上場・非上場、規模の大小・業態に関わらず、**持続的な成長・中長期の企業価値向上**のために、きわめて重要な役割を果たします。

「CSR／CSV」の取り組み姿勢が、「ESG」で評価される

国内外の環境がこれだけ変化した今、企業経営においては、目まぐるしく変化する社会のニーズや価値観を捉える感性の鋭さを持ち、「社会対応力」を備えることが不可欠です。そこで近年、「ＣＳＲ／ＣＳＶ」を経営戦略に組入れることが求められています。それにより、磐石な経営基盤を確保しつつ、時代にふさわしい新しい価値を創造し、**企業と社会の相乗発展**に結びつけていく経営に関心が高まっています。そして投資家・金融機関は、こうした経営姿勢に対し、「ＥＳＧ（Environment／Social／Governance）」という**新しいモノサシ**で企業の評価を始めています。

「ＣＳＲ／ＣＳＶ」を実践する主体は企業側で、それを「ＥＳＧ」で評価するのが投資家側です。フィギュアスケートで例えれば、音楽に乗せて優雅に滑走するに際し

て、「時代の要請や期待（ＣＳＲ／ＣＳＶ）」を捉えた演技を心掛け、「評価ポイント（ＥＳＧ）」を熟知しておくことが表彰台への道といったところでしょうか。

従来は、企業の発展ありきで突っ走り、地球や社会に害を与えたり、迷惑をかけてきた傾向がありました。企業は、「社会」や「地球環境」を前提に存在しています。健全な社会や地球なくして、健全な企業活動を実現することができないのは自明です。企業がこの世に存在する限り、必ず社会や地球に影響を与えます。

影響には、ネガティブもあれば、ポジティブもあります。社会や地球への「ネガティブな影響」は抑制することが、現代社会の要請です。それが結果的に企業のためにもなります。さらには、「ポジティブな影響」を醸し出せれば、社会性と経済性が両立できます。「企業の健全性」と「地球や社会の健全性」との相互依存性を認識することが、企業と社会の相乗発展、すなわちサステナビリティへの道です。

中長期のリターンを求める投資家は、「危ない会社」に投資するわけがありません。「危なくない会社」とは、「ＣＳＲ／ＣＳＶ／ＥＳＧ」の本旨を深く理解し、それを経営戦略（中期経営計画など）の中核に位置付けている会社、という見方が定着しつつあり

ます。〈図27〉

企業を評価する、投資家の目線

投資家は企業を選別するに際し、「これからこの企業に投資をして、望む結果は得られるのか」を吟味します。この関心事に対して、企業側に求められる情報開示のポイントは主に3つが挙げられます。

❶これまで、ちゃんとやってきたか（過去の実績）
❷きちんとやるような仕組みを持っているのか（企業の仕組み、ビジネスモデルなど）
❸これから何をしようとしているのか（将来の仮説・ストーリー）。

この中で、❸が一番大切といわれています。ここに、「CSR／CSV」を戦略的に経営に組込む意義があります。

そして機関投資家は、「ESG投資」をするにあたっては、株主としての意見を企

図27 中長期の企業価値向上

業側に伝え、同時に企業の考え方を把握するために、「建設的な目的を持った対話（エンゲージメント）」を求めてきています。それは、中長期的な運用リターンの改善につなげようとする意図からです。

これを受けて企業側は、まずは「コーポレートガバナンス」、すなわち、経営に対して牽制と監督を利かせていく仕組みを担保します。その上で、「基本的なCSR」でリスクを回避し、「CSV（Creating Shared Value）」で経済価値と同時に社会価値を創出します。

これにより、社会（ステークホルダー）から信用・信頼を獲得し、社会的評価（Corporate Reputation）を高め、無形資産（Intangibles）を増大させます。そうすることで、後述する「社会関係資本・自然資本」を保全・強化しながら好スパイラルを築き、企業価値向上に結びつけられるのです。〈図28〉

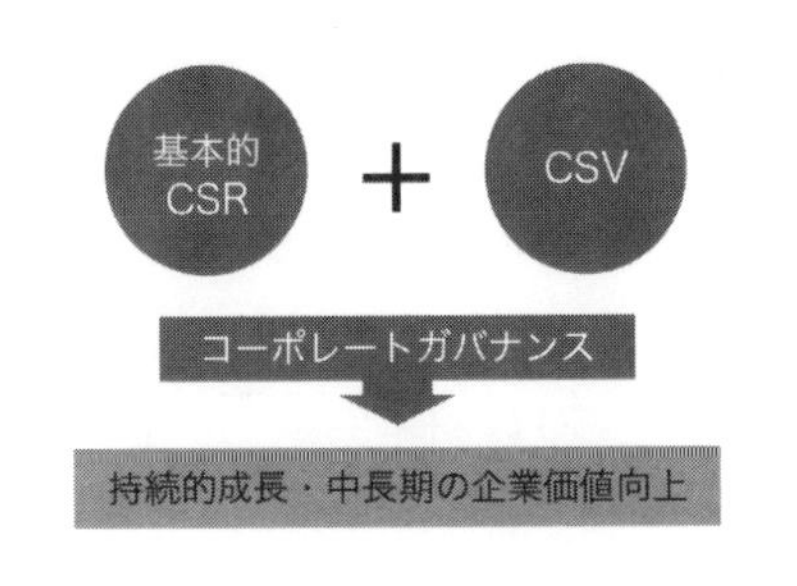

図28 持続的成長·中長期の企業価値向上

このように新しい経営の視座により紡ぎ出された「非財務情報」を、「ESG」の枠組みに則って投資家にきちんと伝え評価を受けることが「投資家に語りたい！ サステナビリティ時代における持続的成長・中長期の企業価値向上のゴールデン・ストーリー」です。CSR部門は経営層・IR部門や投資家に、**CSR語をESG語に翻訳**して**非財務情報**を伝えてあげましょう。つまり、経営に「CSR（社会対応力）」を組込み、社会（ステークホルダー）からの信用・信頼を獲得し、持続的成長・中長期の企業価値向上につなげていることを、非財務情報として「ESG（Environment／Social／Governance）」のファクターに変換して発信するということです。IRは、自社の将来性について、財務要素と非財務要素（ESG）を統合して情報発信していくことが求められています。

「**リスクを避け、事業機会を活かす企業**」に投資することは、金銭的収益最大化を目指す際の定石です。環境、社会、ガバナンス（E・S・G）の3つの要素に十分な配慮を行うことで、企業はより優れた業績をあげることができ、投資家はより優れた運用成績をあげることができるという認識が着実に広がりつつあります。投資判断に環境・社会・ガバナンスの要素を組み込む手法であるESG投資は、今や投資の中でメインストリーム化が進んでいます。

年金基金などの資産保有者（アセット・オーナー）や運用機関（アセット・マネージャー）は、

短期志向（ショートターミズム）の投資から脱却し、ＥＳＧ視点から企業経営のあり方を促していています。その結果として長期の運用成果につなげていこうという動きが加速しています。長期業績予想にあたって、「ＥＳＧ」は株主価値と別個ではありません。すなわち、幅広いステークホルダーへの目配りや社会価値創造は収益力や財務的競争力を高め、結果的に持続的に経済価値（株主価値）を高めるという考え方です。

企業価値を高める「CSR／CSV／ESG」

今や、「ＣＳＲ／ＣＳＶ／ＥＳＧ」は、時代が求める企業競争力の原動力であり、結果としてステークホルダーからの共感を得られ、「**社会的評価**（**レピュテーション**）」を高めます。それが「**見えざる資産**」として、**持続的成長・中長期の企業価値向上**に直結する時代の到来です。

先進の「ＣＳＲ／ＣＳＶ」を経営に組み込み、さらに無形資産の中核であるブランド力に寄与する〝らしさ〟を発揮することが、**サステナビリティ時代の企業ブランディング**の要諦です。その戦略メソッドが「ＣＳＲブランディング」なのです。

7-3 あるケーキ屋さんに学ぶ「6つの資本」による経営

事業を営む上で不可欠な資本には、「ヒト・モノ・カネ・情報」の4つがありますが、サステナビリティ時代においては、「**6つの資本**」による経営が求められています。では、架空のケーキ屋さんを例に、わかりやすく解説します。

農業のプロフェッショナルとお菓子のプロフェッショナル

信州の自然に恵まれた高原に、地元に愛され繁盛している素敵なケーキ屋さんがあったとします。このケーキ屋さんの門をくぐると、緑と花いっぱいの庭園が広がり、ヨーロッパの民家を思わせるデザインの店がまえ。洋菓子から和菓子まで幅広い品ぞろえで、老若男女に親しまれている店です。創業以来長きにわたり、社員全員が「まごころの味」にこだわり、お菓子を通じて「人と人のつながり」を伝えたいと思っています。

お菓子づくりの事業を営むには、まずは、「資金」「建物・設備」「従業員」「スキル・ノウハウ」といった４つの資本が不可欠ですが、このお菓子屋さんは、この４つに加え、もう２つの資本をとても大事にしています。それは、「地元の人々との良い関係」と「地域の自然の恵み」という資本です。

ショートケーキといえば、イチゴ。信州は、フルーツ王国です。長野県の冷涼な気候と生産者のたゆまぬ品種改良によって、夏から秋にかけての収穫もできるようになりました。オーナーは、できるだけ地元の農家さんがつくった厳選素材を使って、地域に役立ちたいと考えています。一つひとつの食材が地域の一人ひとりの生産者によって丹念につくられていることで、このお菓子屋さんは支えられています。つくり手同志が親密な交流をすることにより、信頼関係が生まれ、それがおいしさと安心につながっていくとオーナーは確信しています。果物は、品種や産地、その年の出来によって、味も見た目も違います。農作物の味やかたちは、つくる人たちそれぞれの思いのあらわれであり、持ち味です。

「つくり手の思いを大切にし、その思いをお菓子に乗せて届けることがお菓子屋の使命」とオーナーは唱えています。「農業のプロフェッショナル」と「お菓子のプロフェッショナル」の共振・共創です。お菓子屋さんにとって、地域の農家さんはみんな大切なパートナーですし、自然の恵みあっての生業なわけです。社会課題である農家の事業承継についても、支援したいと考えています。

現代企業は、「6つの資本」で経営する

ここまでは、いま求められる経営の勘所を見事に押さえたお菓子屋さんの「6つの

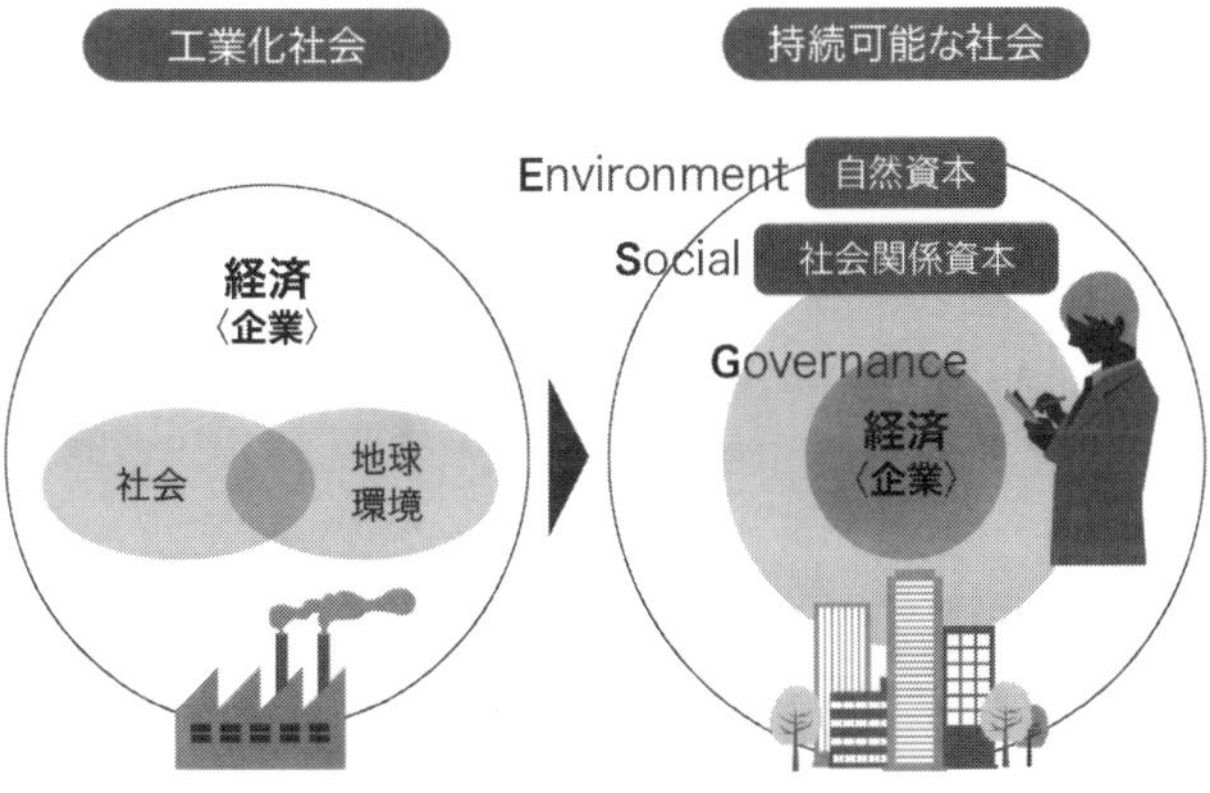

工業化社会
経済〈企業〉
社会
地球環境

持続可能な社会
Environment 自然資本
Social 社会関係資本
Governance
経済〈企業〉

図29「6つの資本」とESG

資本」による経営戦略をご紹介しました。では、国際統合報告評議会（International Integrated Reporting Council：ＩＩＲＣ）のフレームワークをイメージしながら、この「６つの資本」について説明します。〈図29〉

図の左側の高度成長期の工業化社会は、「経済ありき」で突き進んだ時代といえます。ところが、住民運動や公害訴訟などが起きてしまい、住民対策・公害対策を迫られました。社会や環境については、経済活動の与件としての対策の位置づけでした。こうした対応が、日本の「企業の社会的責任」の元祖だといわれています。

ところが、図の右側の「持続可能な社会」を目指す今日の経営では、まったく視座が変わりました。これまでは、４つの資本（ヒト・モノ・カネ・情報）で経営することが常識でしたが、サステナビリティを希求する現代においては、「**６つの資本**」で経営すべきといわれています。すなわち、企業活動の源泉として従来から広く認知されてきた「ヒト、モノ、カネ、情報」に対応する「人的資本、製造資本、財務資本、知的資本」の４つの資本に、「**社会関係資本**」および「**自然資本**」の２つの資本を加えます。これが「国際統合報告（ＩＲ）フレームワーク」の価値創造プロセスにおける「６

つの資本」の思考原理です。〈図30〉

「経済ありき」ではなく、経済活動をするにあっては、まずはコーポレートガバナンス（Governance）、すなわち、経営に対して牽制と監督を利かせていく仕組みを担保した上で、社会（Social）や地球（Environment）が健全であり続けることが前提となる、という考え方です。経済活動は、「社会」との良き関係があればこそスムーズに事が運び、「自然」あってのものだねということです。飲料メーカーにとっての「水」や製薬会社にとっての「薬草」に、もしものことがあれば立ち行かなくなります。顆粒・粉末だしで有名な食品メーカーは、主原料であるカツオ節のめぐみをいつまでも味わえるように、「カツオ」を深く研究し見守り、大切にしています。

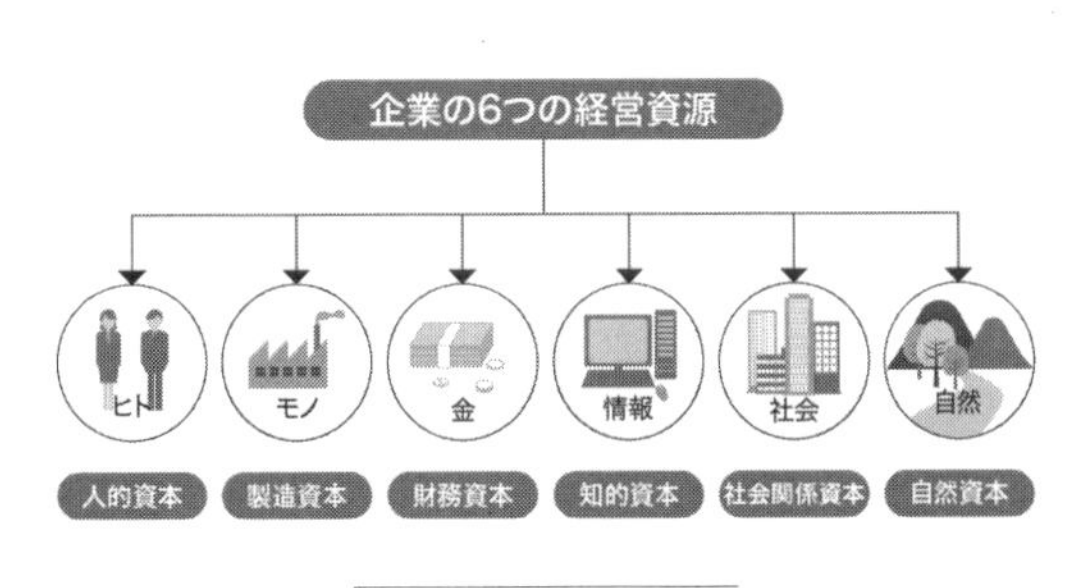

図30 6つの経営資源

これらの**財務資本、製造資本、知的資本、人的資本、社会関係資本、自然資本の6つの資本**は、企業が存続するために必要不可欠な資本です。企業はこれを有効に活用し、かつそれらの資本を育てることで、社会とともに相乗発展していきます。IIRC（国際統合報告評議会）は、**統合報告や統合思考**を推進し、会社が利益追求だけでなく、安定的な資本市場の発展と持続可能な社会づくりに寄与するような資本配分や企業活動が行われることを目指しています。

「**統合報告**」とは、6つの資本を用いて、どのように価値創造を行なっているかを報告書に示すことです。ここでいう価値とは、財務的価値と社会的価値の2つの側面を意味します。「**統合思考**」とは、企業の短期・中期・長期の価値創造を包括的な視点から捉え、社会の持続可能性と企業の持続可能性、そして企業経営における財務要素と非財務要素の関係性について、統合的・整合的に考えることです。

企業は、社会とともに発展する

「持続可能な社会」とは、今を生きる世代だけが暮らすことができる社会ということではなく、次世代の地球に住む人々も、さらにその次の世代の人々もまた、地球から得られる果実を享受し生きていくことのできる社会のことです。「**サステナビリティ**（**Sustainability**）」という言葉は、これまで、企業活動を行うにあたって、「地球」を大事にするという趣旨で使われてきました。それが現在では、企業活動をするにあたって、**社会や地球**を大切にすれば、**企業もまた持続的に成長させてもらえる**という脈絡で語られるようになってきています。地球が壊れれば社会が壊れる、社会が壊れれば経済が壊れる。経済をすくすくと発展させたいのなら、地球や社会を大切にするということです

　まさに、CSRの立ち位置である「**企業は社会とともに発展する**」というキー概念は、決して「きれいごと」ではなく、「ESG」を重視する投資家が企業に期待する「**持続的成長・中長期の企業価値向上**」に資するのです。健全な社会と地球があればこそ、健全な企業活動ができます。よって、企業と社会の相乗発展がもたらされます。現代の企業は、従来の4つの資本に、もう2つを加えた「6つの資本」による「新しい経営のあり方」が命題となっています。

次の終章では、これまで述べてきた「CSR・CSV・ESG・SDGs」というサステナビリティ時代における必須の取り組みが、コーポレートブランドや企業価値向上につながるメカニズムを解説します。

第8章 「見えざる資産」が企業価値を高める

本章では、これまで述べてきた文脈を大局的にまとめ、「サステナビリティ（持続可能性）」を希求する現代企業において、「CSR／CSV／ESG／SDGs」を味方につけた企業価値創造のストーリーを提示します。

8-1 サステナビリティ時代の企業価値向上への道

サステナビリティが共通の価値観となってきている近年、先進諸国において、企業の価値を決めるのは物的資産や金融資産などの有形資産だけではなく、形のないものの価値、すなわち「無形資産」が相対的に大きくなってきています。これらの資産は貸借対照表に資産として計上されることはなく、「**見えざる資産**（**Intangible Assets**）」です。ところが、「見えざる資産」はれっきとして存在し、「見える資産」と同等かそれ以上に企業価値を生み出す大きな原動力になってきています。

「企業価値（Corporate Value）」とは

さまざまな場面で語られる「企業価値」には大まかに2つの傾向があります。一つは、多くの経営者やビジネスパーソンがよく使う、「企業が、社会的に評価される総合的な価値」です。すなわち、企業を取り巻くステークホルダーに対する付加価値の総和という意味合いでよく登場します。企業価値を高めるためには、「卓越した製品・サービスを提供することで、本業を通じて社会の課題を解決し、収益を上げていくこと」という語感が感じられます。

もう一つは、投資家・金融関係者や企業経営者がしばしば発する「**市場価値と本質的価値の総称**」です。**市場価値**は、株価などの時価総額など、市場評価によって規定される価値で、**本質的価値**は、企業が持つ競争優位性と社会的評価によって規定される価値ということです。

この2つは、一見異なる解釈のようですが、視点が異なるだけといえます。通常、投資家は、企業価値は投資を行うための経済的な評価額と捉える傾向にありますので、この立場から論じていきます。

「本質的価値」と企業ブランド

ステークホルダーから選ばれ続け、持続的成長・中長期の企業価値の向上を目指すに際しては、「本質的価値」と「市場価値（株式市場からの評価）」の違いをきちんと理解しておくことがとても重要です。持続的成長・中長期の観点からは、対症療法ではなく、根本療法が不可欠です。

本質的価値は、一般的に企業が将来生み出すキャッシュフローの現在価値とされています。毎年ある一定額のお金を稼ぐ企業は、いくらの価値があるのかを現在の価値に変換して合計する、という考え方です。一般に、ＤＣＦ法（Discounted Cash-Flow Method）で計算されます。本質的な企業価値を規定する要因としては、有形資産から無形資産、つまり見えざる資産（Intangible Assets）へシフトしてきています。かつては、有形資産の規模が企業の競争力の源泉とされ、規模の経済を謳歌した時代がありました。

しかしながら近年では、企業価値向上の原動力として**見えざる資産**の関心が高まっています。会計上では資産になりませんが、企業価値向上には必要不可欠な財務諸表に載らない資産です。そして、その中核に位置付けられるのが「企業ブランド力」といえます。個別の商品力やビジネスモデルなどに対する評価も肝心ですが、その後ろ盾となる企業それ自体に対する信用・信頼や社会的評価の視点は格段に高まっています。会社の雰囲気、従業員の充実度、顧客や取引先からの信頼感など、直接眼で見ることはできませんが、そこにいる人であれば、何となくでも感じることができるものが重要です。

したがって、今日の企業ブランドは、大きく**競争優位性**と**社会的評価**の2つの要素から判断される傾向にあります。現状の競争優位性がいくら高くとも、社会的評価（レピュテーション）が低ければ

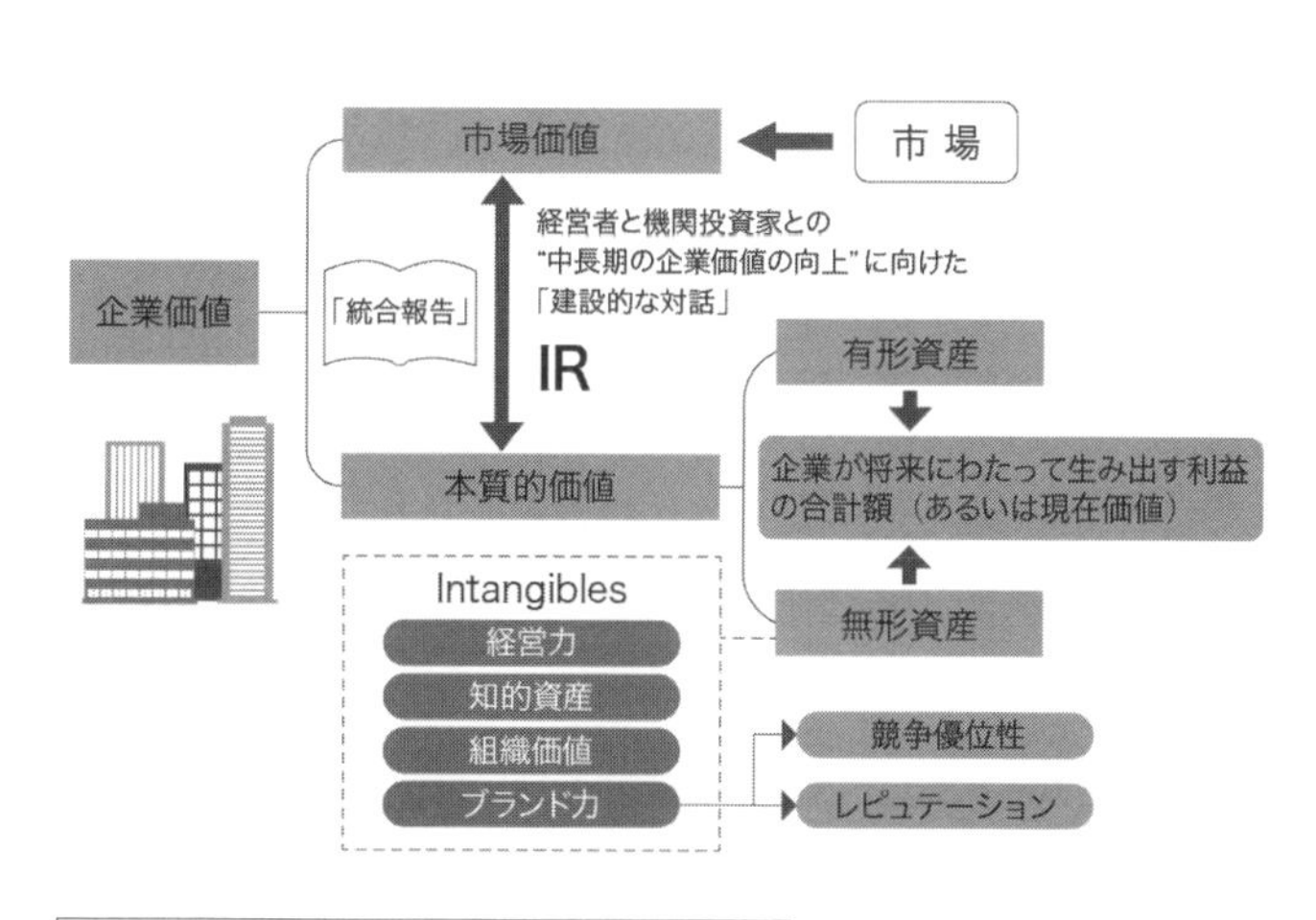

図31 "無形資産"重視時代の「企業価値」

ば、企業価値を減ずる因子となってしまいます。今や、CSRを推進して社会的評価を高めることは、本業の傍らで建前や体裁を繕うなどということではなく、実質的に経済的パフォーマンスを左右し、経営のクオリティを決定づけるほど重要となっているのです。

「**らしさ**（**競争優位性**）」を発揮するとともに、先進のCSRをきちん実行すれば、ブランド力が高まる。ブランド力が高まれば、「**見えざる資産**」に大きく寄与する。したがって、将来キャッシュフローの力強い原動力になる。これが、「CSRブランディング」によるゴールデンストーリーです。〈図31〉

「統合報告」の意義～本質的価値と市場価値のギャップを埋める

一方、市場価値は、市場における企業の価値の評価であり、長期的には本質的価値が反映されていきます。短期的には、株式市場の需給関係、為替変動などのマクロ経済の変化や、技術開発競争などへの過度な反応により本質的価値から乖離し、大きく変動することがあります。

そこで、この本質的価値と市場価値のギャップを解消していくために、企業への理解度を高め、適正な評価を得るため、ＩＲ活動をはじめとするコーポレート・コミュニケーションが重要となります。その重要なツールが、「統合報告」です。ＣＳＲによって獲得した「**見えざる資産**」が将来キャッシュフローを稼ぐ原動力になっているのであれば、その**非財務情報**（財務以外：自社の持つ「見えざる資産」の優位性）をいち早く株式市場に伝え、市場価値に反映させていくことが、今日のＩＲの重要な機能です。中長期の投資家は、非財務価値に変換され同期化できることを認識しています。投資家と企業の情報の非対称性を解消するため、投資家が適切な投資判断ができるよう、企業は積極的に市場に対して自社の情報発信を行う要請が高まっています。その際、企業側は「ＣＳＲ語」を投資家向けに「ＥＳＧ語」に翻訳する力量が問われます。

ＩＲはInvestor Relationの略で、直訳すれば、投資家との関係となりますが、基本姿勢は、言うまでもなく「正直」「誠実」であり、ただの関係性だけではなく、建設的な「目的をもった対話」（エンゲージメント）に基づく信頼関係構築を目指します。

8-2 「CSR／CSV／ESG／SDGs」を味方につける、企業価値創造ストーリー

サステナビリティ時代における企業価値向上を目指そうとすれば、まずは「CSR」が視野に入ります。ところが、続々と登場するアルファベットに戸惑い、混乱が生じてしまっています。「CSRからCSVへ、ESGが旬だ、今はSDGsが主流だ」といった具合です。この原因として、これまで広く普及したCSRの解釈（本業とは関係のない社会貢献）とあるべき本来のCSRの間にギャップが大きく、それに対応する企業においても、先進企業とそうでない企業との間で二極化してしまったことが挙げられます。実はCSVもSDGsもESGも、CSRの概念に包摂されます。

それでは、本書で述べてきた文脈を大局的にまとめておきます。

企業がこの世に存在し事業を営めば、必ず地球や社会に**影響**を及ぼします。その

「影響」には、負の影響（ネガティブ）と正の影響（ポジティブ）があります。現代社会において企業セクターは、ネガティブは防ぎ、ポジティブは能動的に発揮し、サステナビリティを希求することが求められています。

これを企業側からみれば、**「リスク回避」**の側面と**「事業機会の創出」**の側面と捉えることができます。こうしたスタンスで事業を営む企業は、持続的成長・中長期の企業価値向上を図ることができると評価されます。

- こうした脈絡を次のとおり、端的なロジックで表現しておきます。
- 企業は、現代社会の共通目的である「サステナビリティ」に関する潮流を捉え、経営のあり方や事業戦略において柔軟に対応することが求められています。
- 「CSR」の本質は、〝社会対応力〟です。社会とは、時代の価値観を反映したステークホルダーという認識で結構です。そして企業が〝対応〟するのは、「現代社会の要請や期待」です。
- 要請に対応するのは「基本的CSR」、期待に応えるのが「CSV」。その際、「SDGs」に留意することが重要です。

●それによって、ステークホルダーの評価が高まります。それこそが「社会的評価」です。

●「社会的評価」とともに、「競争優位性（らしさ）」が発揮されると、時代にふさわしいブランド力につながります。

●「ブランド力」が高まれば、「無形資産（見えざる資産）」に寄与します。

●「見えざる資産」は、将来キャッシュフローを生み出すドライバー（原動力）となります。すると、本質的価値が高まります。

●これを、投資家は「ESG」要因で評価します。そのために「統合報告」によって、財務だけでなく、「（CSRで育んだ）非財務」を的確に〝ESG〟で発信して、市場価値への反映を図ります。

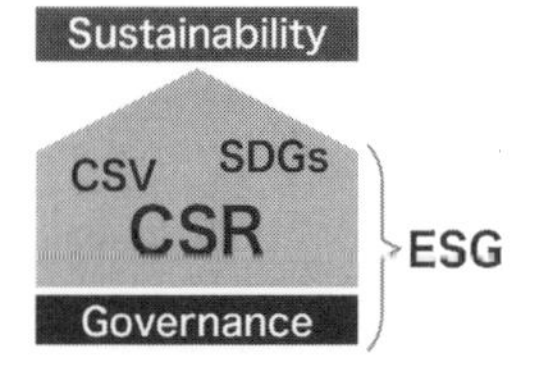

図32 サステナビリティのキーワード

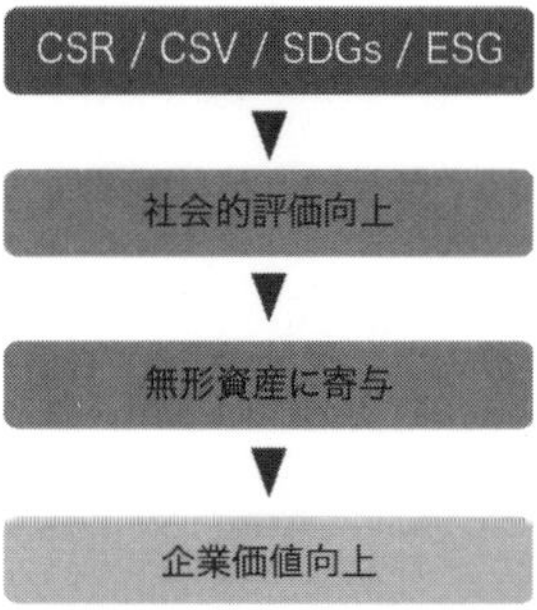

CSR / CSV / SDGs / ESG
▼
社会的評価向上
▼
無形資産に寄与
▼
企業価値向上

図33 非財務と企業価値向上

●よって、サステナビリティを希求でき、結果として企業価値の向上につながります。

これが、「CSR／CSV／ESG／SDGs」を味方につけた企業価値創造のストーリーです。〈図32〉〈図33〉

8-3 時代に選ばれ、次代にも輝き続ける企業であるために

企業とは、「営利を目的として、継続的に生産・販売・サービスなどの経済活動を営む組織体」です。そして、企業は継続すること（going concern）を前提として設立されます。そのためには、いかなる企業も利益を上げ続けなければなりません。

企業の存在意義ともいえる「利益」は、社会の要請や期待に応える優れた経済活動を実践している企業に対して、社会がそれを評価し、与えた対価（ご褒美）といえます。時代の価値観にそぐわないビジネスには、ご褒美は与えられません。

社会にとって意義ある経済活動を行っている企業に対する、社会からの対価が「利益」であるなら、「企業（の）価値」とは、その企業が将来にわたって生み出す利益の合計額（あるいは現在価値）といえましょう。逆に、たとえ過去に莫大な富を創出していたとしても、〝次代〟に向けて、富をもたらす可能性がゼロであれば、企業としての

価値がないことになります。それは、食品に例えれば、賞味期限切れと言わざるを得ません。時代の変化への対応を怠ったり、誤った戦略を採れば、企業ブランドは老けます、錆びつきます。ですから、「CSR（現代社会への対応力）」で磨きをかけます。それが、サステナビリティ時代の企業ブランディングの要諦です。

本章の冒頭で、2つの企業価値の捉え方を紹介しました。前者の「企業が、社会的に評価される総合的な価値」、すなわち企業を取り巻くステークホルダーに対する付加価値の総和が、後者の「将来生み出すキャッシュフローの現在価値」に結びつくということです。このように包括的な視点で財務・非財務を統合的そして整合的に捉えることにより、企業と社会の相乗発展への道が拓けてきます。

時代に選ばれ、**次代にも輝き続ける企業**であるために、「CSR／CSV／ESG／SDGs」は必修科目です。これらの取り組みを〝**らしさ**〟を触媒として経営と融合させることで、自社ならではの持続的な競争優位性が創出することができます。それが、**サステナビリティ時代の企業ブランディング**です。

あとがき

2011年に、「企業ブランディングを実現するCSR」（共著：産業編集センター刊）を上梓し、同時期より、外部研修機関や大学ビジネススクールなどにて、私が提唱する「CSRブランディング」の研修を継続開催してきました。これまでの読者や受講生の皆様をはじめ各方面より、「CSRブランディング」のコンセプトにご共感をいただき、広く支持をいただけるようになりました。

研修を受講される方々は日々の業務多忙な中、意欲的に参加されるわけですが、講義前に時折こんな声が聞かれます。「もうCSRは古いですよねぇ、これからはCSVですよね」「いやいや、SDGsです」「ESGだってありますよね」。あまりに立て続けに登場するアルファベットに大混乱している、よくある情景です。

この主たる原因は、レイヤー（階層）や視点が錯綜して、ゴチャゴチャになっていることにあります。たとえば、スポーツ競技の種類を挙げていくとすると、水泳と平泳ぎと背泳ぎと…、陸上と短距離と長距離と…、球技とサッカーとラグビー…と指で数えてみる。受験科目を列挙するのに、社会と歴史と地理と…、理科と物理と生物と…という具合です。

本書では、現代企業の矜持として「サステナビリティ（Sustainability：持続可能性）」を希求するにあたり、「CSR／CSV／ESG／SDGs」を本質的・体系的に捉えて取り組むことによって、時代にふさわしい企業ブランドを構築でき、結果として企業価値向上に結びつくというストーリーを紹介しました。この文脈は、規模の大小・業種業態を問わず、現代社会に望ましいかたちで存在意義を発揮し、今この時代に選ばれ、次の時代にも輝き続ける企業であるための極意です。その戦略メソッドが、「CSRブランディング」です。

そして近年、SDGsが脚光を浴びる中、「CSRブランディング2.0」の位置づけとして、「STARS（Sustainable Triple Advantage through Response to SDGs）」戦略フレームを提示しました。SDGsへの対応を通じて、サステナビリティ時代の3つの構成要素（事業活動×現代社会の要請・期待×企業ブランド）で創り出す競争優位という意味合いです。すなわち、「現代社会の要請や期待（SDGs）」に事業戦略として自社らしく応え、企業競争力につなげる戦略メソッドです。

経営層をはじめ、経営企画、広報、ＩＲ、マーケティングの方々、さらには人材開発担当部門など、幅広い部門の皆様に、この戦略メソッドの意義と重要性を理解いただき、活用いただければ幸いです。

本書の出版や原稿執筆にあたっては、株式会社産業編集センター出版部の及川健智氏には、俊敏で的確なアドバイスや細かな気配りをいただき、御礼申し上げます。

企業人として、入社してから長きにわたる「営業→マーケティング→コミュニケーション→ブランド→ＣＳＲ」といったキャリアから熟成させてきた理論体系が、〝自分らしく〟企業社会の役に立てば、大変うれしく思います。早い段階から、経営トップや社内の関係各位の理解と支援のもと、外部の教育研修機関の教壇に立ち、本書の成立に至ったことに感謝している次第です。

細田悦弘

細田 悦弘　ほそだ・えつひろ
中央大学大学院 戦略経営研究科 フェロー
一般社団法人日本能率協会 主任講師

1957年、愛知県生まれ。中央大学法学部卒業後、キヤノンマーケティングジャパン（株）入社。営業からマーケティング部門を経て、宣伝部及びブランドマネジメントを担当後、CSR推進部長を経験。現在は、同社・CSR本部に所属しながら、企業や教育研修機関での講演・研修講師・コンサル・アドバイザーとしても活躍中。CSR・ブランディング・コミュニケーション分野において豊富な経験を持ち、理論や実践手法のわかりやすい解説・指導法に定評がある。中央大学ビジネススクール戦略経営アカデミー講師、一般社団法人日本能率協会「新しい経営のあり方研究会」メンバー、経営品質協議会認定セルフアセッサー、Sustainable Brands Japan（SB-J）コラムニストなど。
著書：『企業ブランディングを実現するCSR』（産業編集センター刊）共著

選ばれ続ける会社とは
サステナビリティ時代の企業ブランディング

2019年4月15日　第1刷発行

著　者　　細田悦弘

装　丁　　松田行正＋杉本聖士（マツダオフィス）

発　行　　株式会社産業編集センター
〒112-0011
東京都文京区千石四丁目39番17号
TEL 03-5395-6133　FAX 03-5395-5320
http://www.shc.co.jp/book/

印刷・製本　株式会社シナノパブリッシングプレス

ISBN978-4-86311-223-0　C0034
Printed in Japan